神秘体験から読み解く
宇宙時代へのシグナル

怪奇現象リーディング

大川隆法
Ryuho Okawa

まえがき

私の近くにいる人たちは、神秘現象や怪奇現象《かいきげんしょう》を体験する人が多い。私自身が巨大な霊的磁石《じしゃく》のような存在なので、近くで何年かいるだけで、霊的な磁力《じりょく》を持つようになる人が次々と出てくる。

本書に出てくる事例は、心霊現象《しんれいげんしょう》とも、宇宙人とのコンタクト（接近遭遇《せっきんそうぐう》）体験とも、ある種のアブダクション現象ともとれるものも多いし、宇宙人認識の低い方には、ポルターガイスト現象にもとれる内容が少なくない。

「東京都港区でこんな怪奇現象が起きているなんて、信じられない。」という方もいるだろう。しかし、現実の事例にあたってみると、現代最高の霊能力者・超能力者ではないかと自負する私でも、「ウソであってほしい」と願うようなケースが多い。十月十日公開の映画「ＵＦＯ学園の秘密」の予習・復習用の参考書の一つとなれば幸いである。

二〇一五年　九月十五日

幸福《こうふく》の科学《かがく》グループ創始者兼総裁《そうししゃけんそうさい》　大川隆法《おおかわりゅうほう》

怪奇現象リーディング　目次

怪《かい》奇《き》現象リーディング

神秘体験から読み解く宇宙時代へのシグナル

二〇一五年六月十二日　収録

東京都・幸福の科学　教祖殿《きょうそでん》　大悟館《たいごかん》にて

2 「透視《とうし》型リーディング」で視《み》えてきたもの　32

古来、釈迦《しゃか》のように悟《さと》りを開いた人には、人知を超《こ》えた六種の自由自在の能力「六神通《ろくじんずう》」〈神足通《じんそくつう》・天眼通《てんげんつう》・天耳通《てんにつう》・他心通《たしんつう》・宿命通《しゅくみょうつう》・漏尽通《ろじんつう》〉が備わっているとされる。それは、時空間の壁《かべ》を超え、三世《さんぜ》を自在に見通す最高度の霊的《れいてき》能力である。著者は、六神通を自在に駆使《くし》した、さまざまなリーディングが可能。

本書に収録された公開リーディングにおいては、霊言や霊視、「タイムスリップ・リーディング（対象者の過去や未来の状況《じょうきょう》を透視《とうし》する）」「リモート・ビューイング（遠隔《えんかく》透視。特定の場所に霊体《れいたい》の一部を飛ばし、その場の状況を視《み》る）」「マインド・リーディング（遠隔地の者も含《ふく》め、対象者の思考や思念《しねん》を読み取る）」「ミューチュアル・カンバセーション（通常は話ができないような、さまざまな存在の思いをも代弁して会話する）」等の能力を使用している。

怪奇《かいき》現象リーディング

神秘体験から読み解く宇宙時代へのシグナル

二〇一五年六月十二日　収録

東京都・幸福の科学　教祖殿《きょうそでん》　大悟館《たいごかん》にて

〔対象者〕

牧《まき》野《の》恵《めぐみ》（幸福の科学宗務《しゅうむ》本部第一秘書局チーフ）

大澤《おおさわ》沙《さ》友里《ゆり》（幸福の科学宗務本部第三秘書局職員）

倉岡《くらおか》ゆり葉《は》（幸福の科学宗務本部第二秘書局部長）

岡部《おかべ》友香《ゆか》（幸福の科学宗務本部第三秘書局主任）

〔質問者〕

武田《たけだ》亮《りょう》（幸福の科学副理事長 兼《けん》 宗務本部長）

竹内《たけうち》久顕《ひさあき》（幸福の科学宗務本部第二秘書局局長代理）

〔役職は収録時点のもの〕

1　幸福の科学職員の女子寮《りょう》で起きている「怪奇《かいき》現象」をリーディングする

大川隆法　実は、少し前から気になっていて、もう一回、調べ直してみる必要があると思っていることがありますので、今日は、それにトライしてみます。ただし、まだ原因がはっきりしているわけではないので、仮に「怪奇《かいき》現象リーディング」と名付けて行おうと思っています。

以前、（対象者の一人である）牧野《まきの》さんが、宇宙人アブダクションらしいものを受けたことについては、一度、調べたことはあるのですが（『「宇宙人によるアブダクション」と「金縛《かなしば》り現象」は本当に同じか』〔幸福の科学出版刊〕参照）、その後、当会の祈願《きがん》である「宇宙人撃退秘鍵《げきたいひけん》」を受けたところ、そうしたアブダクションらしいことは止まったようではあります。

　しかし、それから、同じ（幸福の科学の職員）女子寮《りょう》に住んでいるほかの人のところで、夜中に何かコンコンと音がしたりしているとのことです。

　ただ、それだけでは、何が起きているのかは分かりません。いわゆるポルターガイストかもしれないし、幽霊《ゆうれい》かもしれないし、聞き違《ちが》いかもしれないということで、少々分からないところがあるのです。また、そういうことが起き始めると同時に、「UFOや宇宙人の夢を見るようになった」という話も聞くので、やや気になってはいます。

　あるいは、今秋、アニメ映画「UFO学園の秘密」（製作総指揮・大川隆法。二〇一五年十月十日公開）が公開されるので、その盛り上げ企画《きかく》として、〝あちら〟も何かいろいろとやっているのかもしれません（笑）。このへん

2015年10月10日公開のアニメーション映画「UFO学園の秘密」（大川隆法製作総指揮／幸福の科学出版）。

について調べてみようと思います。

なお、リーディングはしますけれども、もし、明確に宇宙人のようなものが出てきて、何か言いたそうであれば、スピリチュアル・エキスパートとして竹内《たけうち》さんのなかにでも入れて、もう〝はちゃめちゃ〟に言ってもらうというのもいいかなとは考えています。

ともかく、少し、〝しつこい感じ〟がしないわけでもないので、何か言いたいことがあるのかもしれません。

怪奇現象《かいき》①――壁《かべ》からノック音が聞こえる

武田　今回の対象者には、怪奇《かいき》現象が幾《いく》つかあったそうなので、リーディングに入る前に、まず本人から、概要《がいよう》を少し説明していただきたいと思います。

では、牧野さんからお願いします。

●半年前から始まった怪奇現象

牧野　はい。半年ほど前、夜中の三時か四時ごろにパッと目が覚めるということが続いた時期がありました。そういうときには、目が覚めてから、自分の寝《ね》ている頭の上で、コンコンコンとノック音がするんです。

大川隆法　ほお。

牧野　そのあとは特に何も起こらないのですが、記憶《きおく》にあるだけでも、それが五回ぐらいありまして……。

大川隆法　五回もあるのですか。それは、ドアではなく頭の上でするのですか。

牧野　そうです。壁《かべ》側に頭を向けて寝ているのですが、私は二階に住んでいるので、誰《だれ》も壁には触《ふ》れられません。

大川隆法　触れられるはずがないわけですね。

牧野　外に面している壁なので。

大川隆法　うーん、なるほど。外ですか。

牧野　はい。そういうことが続いて、おかしいなと思っていましたし、たまに、寝起きに牽引《けんいん》されるような夢を見たりもしていたので、祈願を受けようと思い、「宇宙人撃退秘鍵」を受けたところ、おとなしくなったといいますか、そういうことはなくなりました。

ただ、その後、同じ寮に住んでいる大澤《おおさわ》さんとかも、「ノック音がする」という話が……。

大川隆法　出てき始めた？

牧野　はい。

武田　では、大澤さんから、その話の続きをお願いします。

●同じ寮に住む他の二人にも同じ現象が起き始める

大澤　私の場合、時間帯は夜の八時から九時ぐらいだったんですけれども……。

大川隆法　八時から九時？　わりに早いですね。

大澤　はい。壁の方向から、コンコンという音が聞こえまして……。

大川隆法　やはり、壁の方向からコンコンですか。

武田　ドアではないのですね？　壁……。

大澤　はい。それで、特に気になることもなく、怖《こわ》い感じもなかったんですけれども、その翌日の明け方に、今度は別の人の部屋のドアから、コンコンというノック音が聞こえたらしいのです。その方は、ドアを開けてみて、誰もいないことを確認したらしいのですが。

大川隆法　開けたのですか。

大澤　はい。

大川隆法　ほう。

大澤　そういうことが、私のときと近い日にありました。

大川隆法　うーん……。

武田　今、体験者が三人いましたけれども、こういったことを経験されている人は、ほかにもいるのですか。同じ寮《りょう》では何人ぐらいいるのでしょうか。

牧野　同じ話ではないのですが、何か機械音がして……。

大川隆法　機械音？

牧野　体の上をガーッと……。

大川隆法　ほう。

牧野　何か、スキャンされているかのような経験をした方とか……。

大川隆法　（笑）怖いね。

牧野　ほぼ全員が、そういう不快なというか、異常な現象を受けたことはあると思います。

竹内　先日私が聞いた話では、今、話に出てきた三人とも、宇宙に行く夢をよく見るそうですが、それらにつながりはあると思われますか。

大澤　つながりがあるかどうかは分からないんですけれども、一年前に行われた「宇宙人リーディング」（二〇一四年一月二十九日収録。『宇宙の中央管制室キーマスター──蟻型《ありがた》ダース・ベイダー編──』〔宗教法人幸福の科学刊〕参照）で蟻型の宇宙人が出る一週間前ぐらいに、「火星か土星か分からない土の大地の星に行って、巨大《きょだい》な蟻型宇宙人に学ぶ」という夢を見ました。

大川隆法　蟻ですか。

大澤　はい。

怪奇《かいき》現象②――頭のなかに入ってくるような機械音がする

竹内　次は……。

大川隆法　もう一人いるんですか。

竹内　倉岡《くらおか》さんも同じ寮で……。

大川隆法　（倉岡に）あなたには起きなかったんですか。

竹内　最近、あったんですよね。

倉岡　私も最近、少しありまして……。

大川隆法　あるんですか。

倉岡　ただ、牧野さんの下の部屋に住んでいるものなので……。

大川隆法　下に！

倉岡　ちょっと、〝家間違い〟をされたのかもしれないんですけれども。
ただ、宇宙人が来ると「機械音のような音がする」という話は聞いていたので、「ああ、そういうことがあるんだな」とは思っていたんです。
すると、先日、頭のなかに入ってくるような、ピーッ、ピーッという音を感じて、そのときに、「ああ、これが宇宙人現象で起こる機械音なんだ」と実感することが一回ありました。

大川隆法　うーん。職員の男の子たちが、悪さをしに行っていたりしないですよね？

武田　私が、向かいに住んでいて、見張っていますので大丈夫です。

大川隆法　ああ、そうですか（会場笑）。

怪奇《かいき》現象③——頻繁《ひんぱん》に起こる「金縛《かなしば》り」と「グレイ」が出てくる夢

武田　それから、岡部《おかべ》さんがいろいろと体験しています。

岡部　私は金縛《かなしば》りです。

大川隆法　金縛り？

岡部　今は寮の二階に住んでいるのですが、以前住んでいた一階の部屋は、今、倉岡さんが住んでいる部屋で、そこでは金縛りに遭《あ》うことが多かったんです。

大川隆法　多かった？

岡部　今は、大澤さんの隣《となり》に住んでいます。

大川隆法　そこでは、金縛りは起きないんですか。

岡部　今も起きるんですけれども……。

大川隆法　起きる？

岡部　一階のときのほうが多かったです。

大川隆法　一階のほうが多かったんですね。

武田　（岡部に）もう一つの話もしてもらえますか。

岡部　夢のなかで、「女の人が倒《たお》れていたのですが、全身の関節がすごく固まっていて……。その女の人を助けないといけないと思って病院に連れていき、レントゲンを撮《と》ったら、関節の間に小さなグレイがフワーッと浮《う》いていた」という夢を見ました。

大川隆法　そういう夢を見たのですね。うーん……。狙《ねら》われているのでしょうか。

武田　ええ。

大川隆法　〝呪《のろ》いの館《やかた》〟になってしまいますね。それは困りました。

武田　そうですね。

怪奇《かいき》現象④――夢で見た「二体のグレイ」と「火星への訪問」

武田　もう一人は伊藤《いとう》さんです。

伊藤　私は、以前、岡部さんが一階に住んでいたときのお部屋から、廊下《ろうか》を挟《はさ》んで反対側のお部屋に住んでいるんですけれども、三年前ぐらいに一度、その岡部さんのお部屋の前に、二体のグレイが並んで立っている夢を見ました。

大川隆法　はあ……。怖いね。

伊藤　それから、一、二週間前ぐらいに、火星に行く夢を見まして……。

大川隆法　火星？　はあ……。

伊藤　「火星に図書館と博物館が建ったので、それを見に行く」という夢だったんですけれども（会場笑）、宇宙船のようなものに乗って行っていました。

それで、その夢のなかには大澤さんも出てきまして、「さっき火星に行ってきたんだよ」という話をしたら、「私も、この間行きました」と、おっしゃっていました。

大川隆法　これはもう、困りましたね。どうしましょうか。

いや、実は私も、先ほど、（部屋の奥《おく》を指しながら）そこでヘアセットをしているときに、Ｈ・Ｇ・ウェルズの『宇宙戦争』に出てくる火星人のようなもの、タコではありませんが、脚《あし》の長いものが視《み》えてきたので、「そんなものが視えてくるね」という話を、少ししていたのですよ。

武田　そうですか。火星ですね。

大川隆法　宗務《しゅうむ》は幸福の科学の聖域《せいいき》に当たる部分の一部ではあるので、「不敬罪《ふけいざい》」に当たるような感じもしないわけではありません。

まあ、「二階でコンコンと音がする」ということであれば、やはり、背の高い男性あたりは、疑われやすい人がいるかもしれないですね（会場笑）。日本人離《ばな》れした背の高い人が手を上げて叩《たた》けば、あるいは、そういうこともあるかもしれないとは思うのですが。

2 「透視《とうし》型リーディング」で視《み》えてきたもの

〝震源地《しんげんち》〟を特定して透視《とうし》型リーディングを試みる

大川隆法　まあ、しかたないので、ちょっとアバウトにリーディングをしてみて、何か対象物が出てくるようなら、個別に行《おこな》ってみましょうか。少々数が多いので、どのようにリーディングしましょうか。（牧野を指しながら）まあ、〝震源地《しんげんち》〟は、このあたりの感じが……。

武田　そうですね。始めは牧野さんが……。

大川隆法　この人は、以前にも一回、リーディングをしたことがありますよね（前《ぜん》掲《けい》『「宇宙人によるアブダクション」と「金縛《かなしば》り現象」は本当に同じか』参照)。

武田　ええ、あります。

大川隆法　あのときには、「宇宙人にアブダクションをされ、何か検査をされて、卵子か何かを採《と》られている」というような話がありました。

武田　「内臓が少し特別なので、そこを調べている」と。

大川隆法　ああ、なるほどね。

武田　そして、「そのバックには巨大《きょだい》なガマガエル型宇宙人がいて、グレイを使っていた」ということでした。

対象者・牧野が体験したアブダクションの再現イメージ

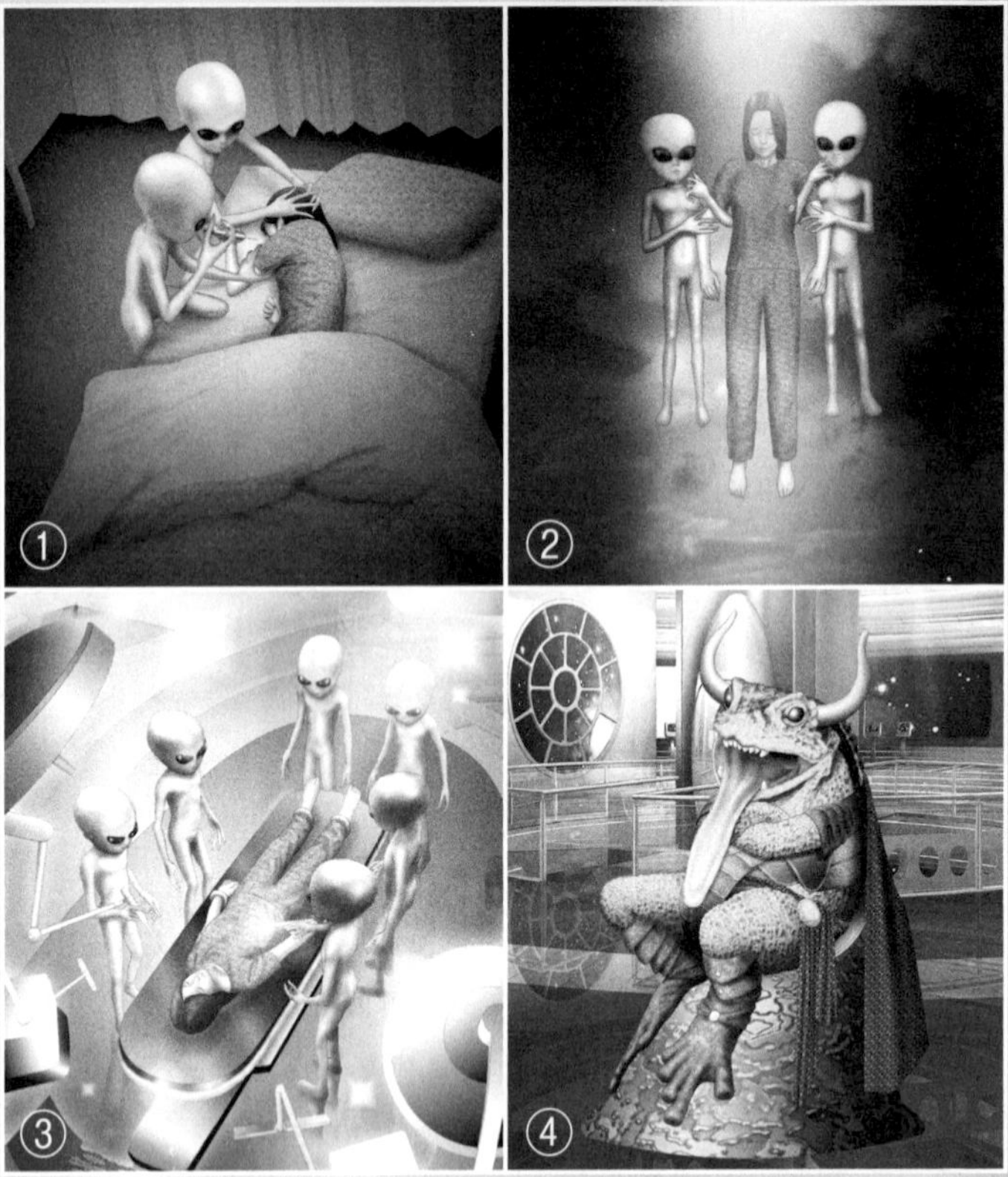

2014年4月のリーディングでは、牧野がホワイトグレイにアブダクションされ（①②）、宇宙船内で体を検査されたことが明らかになった（③）。また、その雇い主は角が生えた巨大なガマガエル型宇宙人であることが判明した（④）。（『「宇宙人によるアブダクション」と「金縛り現象」は本当に同じか』〔幸福の科学出版〕参照）

大川隆法　ああ、ガマガエルなんかがいる？　なるほど、なるほど。また（宇宙人の）種類が変わっているのか、あるいは、本当に宇宙人プロジェクト応援《おうえん》のために、いろいろと〝頑張《がんば》って〟悪さをしているのでしょうか。

また、このあたり（東京都港《みなと》区）は寺町《てらまち》ですし、お墓《はか》もすごく多いのですが、十五年ほど住んでいても、あまり幽霊《ゆうれい》が出てこないので不思議には思っていたんです。あるいは、そういうものの影響《えいきょう》が、ほかのところに出てきている可能性もありますね。

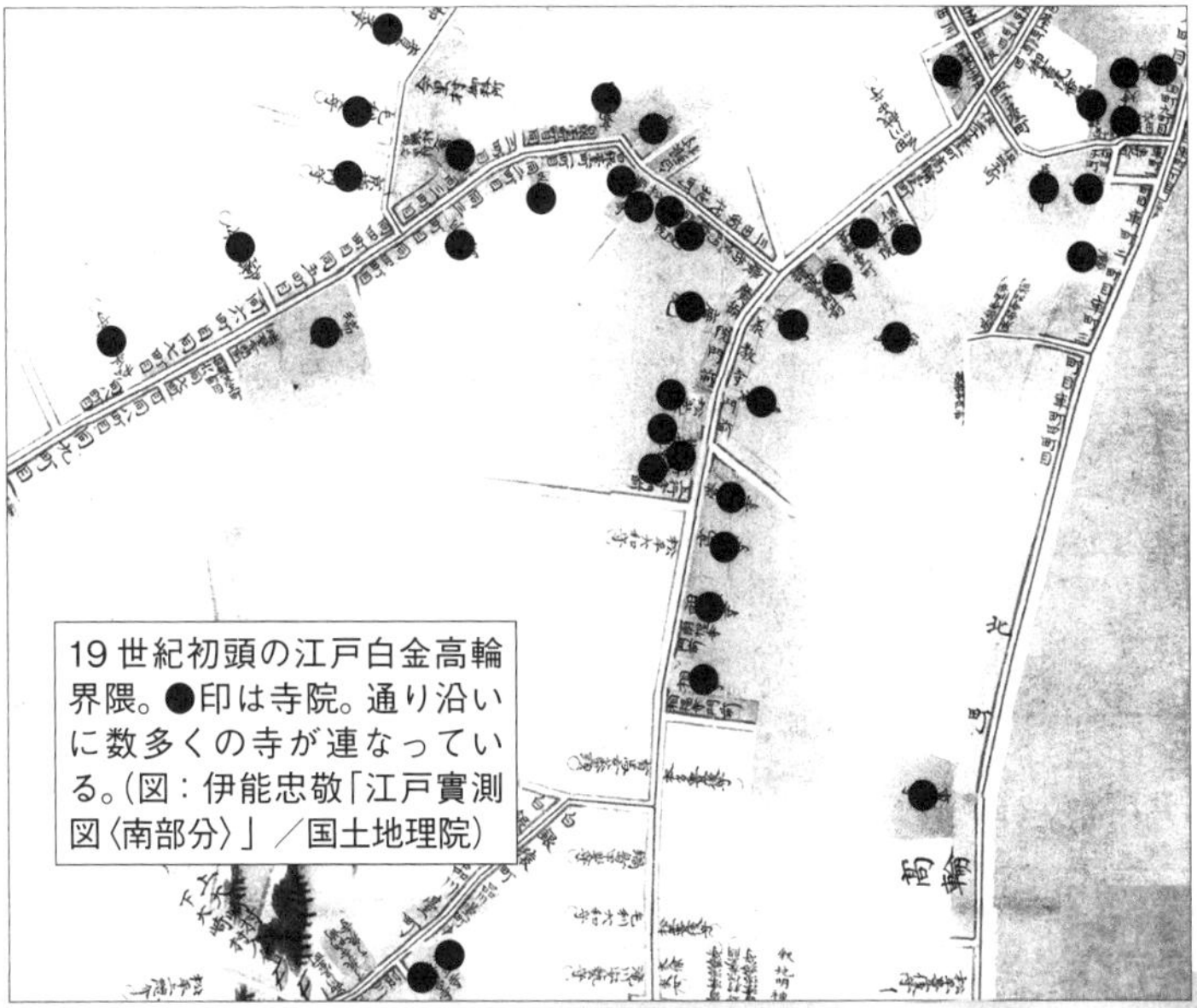

19世紀初頭の江戸白金高輪界隈。●印は寺院。通り沿いに数多くの寺が連なっている。（図：伊能忠敬「江戸實測図〈南部分〉」／国土地理院）

モノレールの線路のようなものと光を放つ機械様《よう》のもの

大川隆法　では、透視《とうし》型リーディングをしてみて、何かヒントをつかんでみましょうか。ここ大悟館《たいごかん》の近くにある女子寮《りょう》で、さまざまな怪《かい》奇《き》現象が起きているようなので、これについて、調査のメスを入れたいと思います。

宇宙人が絡《から》んでいる可能性もありますから、本日は、リエント・アール・クラウドを指導霊《しどうれい》に戴《いただ》きまして、まず、透視型リーディングを行ってみたいと思います。

リエント・アール・クラウドよ、ご指導よろしくお願いします。

今から7千年前に古代インカ帝国を治めていたリエント・アール・クラウド王は、エル・カンターレの魂の分身の一人であり、九次元存在。現在、地球系霊団においては、宇宙人の移住に関する全権を握る存在とされる。(『「宇宙の法」入門』〔幸福の科学出版〕参照。写真：アンデス山脈)

READING リーディング

（約四十秒間、手を強く叩《たた》き続け、次第《しだい》に小さくなる）

（両手をこすりながら、約十秒間の沈黙《ちんもく》）

うん……。

（両手をこすりながら、約五秒間の沈黙）

（両手をこすりながら）不思議なものが視《み》えてきますね。

うーん、場所は分からないのですが（両手をこするのを止める）、地上から、ある程度の高さがあるところに、モノレールの線路のようなものがあって、グーッと右のほうに曲がっているのが、私には視えています。モノレールの下には、足場に当たる柱が立っていて、グーッと曲がった先のあたりに視えているのは（手を一回大きく叩き、その後小さく小刻みに叩く）、うーん……。

これは、何と表現すべきでしょうか。

こちらを向いている側には、巨大なライトのような、蜂《はち》の巣状のような模様が何かあります。

花にたとえると、一見《いっけん》、ひまわりの花がこちらを向いているような感じにも視えるのですが、やはり、そういうものではなくて、機械様《よう》のもので、丸いライトに模様が入っているような感じに視えます。外側はガラスで覆《おお》っている感じで、蜂の巣状の構造のなかから光が出ているようなものです。

また、その後ろ側は、そういうものではなくて……。（両手で楕円《だえん》形を形づくる）胴体《どうたい》に当たるのか、機械、内蔵のものだか何か分からないものが付いています。

モノレールをグーッと行った先に、そういうものが何かあって、そこから先には、モノレールがないように視えているので、これが何なのかは、まだ分からないです。

モノレールが大きく曲がった先に、外側をガラスで覆ったような巨大な蜂の巣状の構造があり、そのなかから光が出ている。

（手を一回叩き、両手をこする）何かは分かりませんが、うーん……。

（手を叩きながら、約十秒間の沈黙）

蛇行《だこう》する単線を進むうちに視《み》えてきた「暗い坑道《こうどう》」

大川隆法　（手を叩きながら）今は、別のシーンが視《み》えています。これは、地上にもある線路のようにも視えるのですが（手を叩くのを止める）、少し蛇行《だこう》しながら……、まあ、単線ですね。

（手を叩きながら）昔の電車なのか、あるいはトロッコが走るようなものなのかは、ちょっと分かりませんが（手を叩くのを止める）、そういう単線がやや蛇行しながら進んでいて、その向こうには、山の一部を切ったようなかたちでトンネルがありますね。また、そのトンネルの周りは、コンクリートで四角く固めたような感じになっています。

単線のトロッコ用の線路のようなものがやや蛇行しながら進んでいて、その向こうには山の一部を切ったようなかたちでトンネルがある。

今、そこに、(手を叩きながら)何か引っ張っていかれるような感じが視えてきています。これは別の場所でしょうか。

そのなかに入っていきますが、うーん、やはり、坑道《こうどう》か何かのようです。その暗い、暗い、暗い坑道を、スーッと下がっていくと……。ああ、この感じはトロッコに近いのでしょうか。列車ではなくて、トロッコに近いのかもしれませんが、そのように、ずーっと下がっていく感じが視えます。

(手を叩くのを止め、両手で大きな丸を形づくりながら)大きさは、そう大きくはないですね。人が立って、ちょっと余るぐらいの大きさかと思います。そう大きなものではありませんが、ずっと奥《おく》に入っていけるから、(手を叩きながら)石炭を掘《ほ》る坑道のような感じに視えます。

また、今、下に二本のレールが走っているのが視えます。

(手を叩きながら、約十秒間の沈黙)

炎《ほのお》型の頭をしたロボットのようなものに遭遇《そうぐう》

大川隆法　（四回強く手を叩いたあと、小刻みに手を叩きながら）今、左側から、ちょっと人影《ひとかげ》のようなものが出てきました。トロッコみたいなものが走るトンネルのようなところを、ある程度下りて……。

どのくらい走ったでしょうか……。（手を叩くのを止める）ずっと下りてきたので、（一回手を叩き、両手をこする）百メートルぐらいですかね。

今、百メートルぐらい斜《なな》めに下がったあたりのところで（数回手を叩く）、左側の壁《かべ》のところから、ズボッという感じで人が出てきました。

ただ、その人は人間のようには視えなくて、どちらかといえば、うーん……、マシンに似た……。

まあ、サイボーグかロボットのように視えるのですが、体がちょっと金属質で、いろいろと継《つ》ぎ目が視えます。膝《ひざ》は曲がっていて、脚《あし》があり、頭に関しては横顔が視えているんですけれども、炎型《ほのお》のかたちをしているように視えています。

それが、今、左側の壁からズボッと出てきました。

（手を叩きながら）何を意味しているのでしょうか。


（手を叩きながら、約五秒間の沈黙）


（手を叩きながら）もう少し下りていきますが、出口なのでしょうか。先に、白《びゃっ》光《こう》、白い光のようなものが視えてきました。出口なのか、それとも違《ち が》うところに入ろうとしているのかは分かりませんが、下がっていた線路のようなものが、少し上に向いて、今、白い光が視えてきています。

うーん、でも、まだ出口ではないですね。今度は、下が非常に白っぽくなっていきます。それがずっと続いていて、また暗いところに入りました。

これは基地か何かでしょうか。うーん……、またズボッと落ちていきました。あるいは、地球のどこかにある基地なのかもしれませんし……。

何か分かるように、もう少し明瞭《めいりょう》に視せてください（手を叩くのを止める）。

（約五秒間の沈黙）

誰《だれ》か歩いてきますね。向こうから歩いてくる影が映っています。坑道はコンクリートのように視えますが、光があちらから出ているので、影が伸《の》びてきています。

やはり、これも先ほどのものと同じですね。脚はやや細くて、膝のところで少し曲がっているように視えるので、これは、ＡＳＩＭＯ《アシモ》型ロボットを人間型に少し大きくしたようなものですね。

膝が曲がっていて、やはり頭のかたちは炎型で、後ろに炎の先のようなものが少し出ている感じに視えるので、これは、ある種の、そういうかたちのものかと思います。そういうものが出てくる感じはします。（手を叩きながら）あなたがたは、

坑道を斜め下に 100 メートルほど走ったところで、左側の壁から ASIMO 型ロボットが出てきた。ロボットは膝が曲がっていて、頭の後ろに炎の先端のようなものが出ている。

いったい何なのですか？

次々に視《み》えてくる各国の象徴《しょうちょう》的な景色

大川隆法　突如《とつじょ》、街が視《み》えました（手を叩くのを止める）。これは、どこかで出口に出たのだと思いますが、左側には、木がたくさん生《は》えている山のなだらかなところが視えています。

私が視た〝キャンバス〟では、左側は山なのですが、正面奥のほうに広がっているのは……。地球で言うと、これはどうでしょうか。

イタリアあたりの景色によく似た感じがします。赤い屋根の家とか、そういうものがかなり広がっているので、イタリアあたりの景色にちょっと似ているような気がします。

イタリアではないかもしれませんが、ヨーロッパ系ではないかと思われます。そのあたりの景色のように視えるのです。

赤い屋根の家が多く点在している、イタリアなどのヨーロッパ系のような景色。

それほど大きくはない家ですけれども、赤い屋根の家などが多く点在しているように視えますから、どこかの山肌《やまはだ》だと思います。

ああ、今度は別のものが……。もしかしたら、先ほどとは別のところではないかと思います。

これは……、十字架《じゅうじか》のかたちをしたイエスの像が視えたので、今度は（ブラジルの）リオデジャネイロではないでしょうか。これは、あちらにしかないですよね。

丘《おか》の上で、イエスが両手を広げて立っているシーンが、やや上空から、イエス像の周りをグルッと見るような感じで視えていて、さ

両手を広げて立っているイエス像のやや上空からリオデジャネイロの街が視える。

らに街も視えますから、これはリオデジャネイロですね。先ほどのところとは、ちょっとシーンが違うような気はしますが、リオデジャネイロも視えてきました。

このあたりも、「ＵＦＯ多発地帯」の一つかとは思います。まあ、地球のあちこちに、何らかの基地のようなものがあるのかもしれませんが、今、そういうものが視えています。

（手を叩きながら）さあ、ほかに関連するもので、私に視せるものがあったら視せてください。

（手を叩きながら、約十五秒間の沈黙）

雪がかなり積もったエベレストに似たような山に近いところ。

（手を叩きながら）雪山《ゆきやま》のようなものが、一つ視えてきましたね。雪山のようなもので……。

いや、（手を叩くのを止め、両手をこすり始める）ネパールからチベット系統の、エベレストに似たような山に近いところでしょうか。今、雪がだいぶあるように見えるあたりが視えています。

うーん、これは、それぞれ、何か基地があるあたりを意味しているのではないでしょうか（両手をこするのを止める）。

珍《めずら》しいかたちをした二種類の宇宙船のようなもの

大川隆法　（手を叩きながら）景色を幾《いく》つか視せてもらいましたが、私は近くで起きている怪奇現象との関連を知りたいので、そのあたりについての説明が分かるようなものを、何か視せてもらえないでしょうか。

（手を叩きながら、約五秒間の沈黙）

（手を叩きながら）うーん、今視えているのは、これはシャンデリア状でしょうか（手を叩くのを止める）。女性の首飾《くびかざ》りのように輪っかになっていますが、上にも何かあるので、やはり、UFOなのでしょうか。

下が、シャンデリアの飾りのようにも視えるし、女性の首輪のようにも視えていて、キラキラ輝《かがや》いていますが、上は、やや「釣《つ》り鐘《がね》状」というか、ちょっと側面が

下部のアウタースカートはキラキラと輝くシャンデリア状で、上部は側面がやや反っている円錐形のＵＦＯ。

反《そ》っている感じの円錐《えんすい》形になっています。アウタースカートのところがシャンデリア風に視えるわけですが、今は、そういうものが視えています。

うーん、たぶん、これはＵＦＯ型の何かではないかと思います。

さらに、ほかには……。

（手を叩きながら、約五秒間の沈黙）

（手を叩きながら）あれ？　違うものが出てきましたね（手を叩くのを止める）。

今度は何でしょう？　紅葉《もみじ》の葉っぱのような形のものですけれども、一、二、三、四……、五枚ぐらいあるでしょうか。

紅葉の葉っぱのように、何か突起物《とっきぶつ》が外側に出ていて、それが下に曲がっているのです。葉っぱか花びらのように、ちょっと下に曲がっている感じに視えるもの、あるいは、スターフルーツを切ったものを、下に曲げたようなものです。

紅葉の葉っぱのような突起物が５枚ほど外側に出ていて、それが下に曲がっている感じの宇宙船。

うーん……、これも宇宙船の一つなのでしょうか。こういうのはあまり視たことがないですけれども、（突起物が）ちょっと下に下がっている感じの宇宙船らしきものが視えています。

（両手をこする）まだ分かりませんね。

（手を叩きながら、約五秒間の沈黙）

「地球規模での動き」とつながっているリーディング対象者たち

大川隆法　（手を叩きながら）次は、何か都市のようなものが視えてきます。

この都市は……、中央部分から碁盤目《ごばんめ》に道路が走っていて、真ん中あたりが黒ずんで視えるけれども、何かの影が映っているように視えるから、この位置関係から見ると、これは……、パリのエッフェル塔《とう》あたりを上空から視ているのではないかと思います。

碁盤目に道路が走るパリのエッフェル塔付近。

（手を叩きながら、約五秒間の沈黙）

（手を叩きながら）パリも関係があるのか、まだ分からないですね。

うーん……、さらに視せてください。さらに何が視えますか。

ああ、次は南極ですね。さらに視せてください。南極が視えてきました。南極です。氷はだいぶ解けていますね。氷が解け落ちて、崖《がけ》のようになっています。氷壁《ひょうへき》ですね。氷壁のようなものが視えています。氷壁があって、ちょっと割れ目ができていますね。峡谷《きょうこく》のように、氷の割れ目ができ

氷が解けてきて、氷壁に峡谷のような割れ目ができている南極。

ているあたりが視えます。

うーん、これは、温暖化による南極の調査をしているのでしょうか。

そんな感じで、今まで出てきたものよりも、けっこう地球規模で、あちこちに拠点《きょてん》があったり、円盤《えんばん》らしきものがいろいろと出没《しゅつぼつ》しているらしいことが視えます。

あなたがた（リーディング対象者）は、この近所で慎《つつ》ましく生きているけれども、ワールドワイドに、地球規模での動きと（手を叩くのを止め、少し両手をこすったあと、また叩き始める）つながっているらしいことが視えてきますので、いよいよ宇宙から迫《せま》ってきているのでしょうか。何かが接触《せっしょく》しようと迫ってきているのではないかと思います。

説明を求めると出てきた「頭がタマネギのように大きな存在」

大川隆法　（手を叩きながら）どうも宇宙系だということは、だいたい見えてきました。

それでは、この件に関し、どなたか出てこられる方はいないでしょうか。説明をお願いしたいのですが、どなたか出てきてくれませんか。代表の方で、どなたか出てきてください。

（手を数回叩いた後《のち》、両手をこすり始める。約十秒間の沈黙）

（両手をこすりながら）今出てきているのは、頭の大きい感じのものです。一瞬《いっしゅん》、湯婆婆《ゆばーば》（アニメ映画「千《せん》と千尋《ちひろ》の神隠《かみかく》し」に出てくるキャラクター）かと思いましたが、頭がタマネギのように大きい感じの存在です。

うーん、これは、話ができるのでしょうか。あなたは、どなたですか。

（両手をこすりながら、約十秒間の沈黙）

（両手をこすりながら）うーん、難しいですね……。あなたは、どなたですか。何をしに来たのですか。何を考えている。何を考えている……（両手をこするのを止め、叩き始める）。

（手を叩きながら）うーん……？　うーん……。少し分からないですね。これは生き物ではないのでしょうか。乗り物ですか。うーん……（手を叩くのを止め、少し手をこすった後、また叩き始める）。

映画「千と千尋の神隠し」（2001 年公開／スタジオジブリ／東宝）に出てくる魔女・湯婆婆（左絵）。八《や》百《お》万《よろず》の神々を客として迎える湯屋「油屋」を経営している。

視《み》えてきた「雲の渦巻《うずま》き」と「生き物の耳」

大川隆法　まあ、もう少し論点を絞《しぼ》りたいと思います。「地球規模で何かをやっているらしい」ということは分かりましたが、知りたいのは、今、近所で起きていることですね。女子寮に住んでいる人たちが、アブダクションとか、夜中の訪問とかを恐《おそ》れているようですが、それらの理由が分かるようなものを、何か私《わたくし》に示してください。

（瞑目《めいもく》し、右手で左掌《てのひら》を叩き続ける。約十五秒間の沈黙）うーん、おかしいな（笑）。今、地球を上から視《み》ている感じなのですが、台風のときに、雲が渦巻《うずま》くようなことがありますよね？

武田　はい。

地球の外側から台風のように雲が渦巻いている姿が視える。

大川隆法　ああいう、渦巻きみたいな雲が視えているんですよ。ここ（教祖殿《きょうそでん》 大悟館）にいながら、地球の外側から地球を視ているのですが、今、雲が渦巻いているような姿が視えています。もしかすると、これは円盤から見える景色なのかもしれません。

うーん、分かりにくいですね。これだけでは分かりません。もう少し分かるようにお願いします。

（瞑目し、右掌で左掌に円を描きながら擦《す》り合わせる。約十秒間の沈黙）とにかく、「地球全体を見ているんだ」ということは言いたいんだろうと思いますが……。

それでは、女子寮の人たちのところに、話をつなげてもらえないでしょうか。宇宙的に地球を見ている人たちが、いったい何のご用があって、今、来ているのでしょうか。

(瞑目し、右掌で左掌に円を描きながら擦り合わせる)今、視えたものは(両掌を耳の位置に持っていきながら)、生き物の後ろ姿で、耳の裏側の、穴が開いている部分が視えます。(上げていた両掌を反対側に返し、耳の内側の部分を表すようなしぐさをしながら)ここに穴が開いている耳が、二つ視えています。このかたちの耳をしている生き物は、ブタか、ウサギか、リスでしょうか。何かそういう類《たぐい》のものの耳ですね。これが今、後ろ側から少し視えたのですが。

うーん……、難解ですね。

「グルグル巻きのドーナツ型」と「マンボウ型」の宇宙船が飛んでいる

大川隆法　これは、もう少し絞らないと分かりません。それでは、まず、牧野さんから行きましょう。前回リーディングをしたのは、いつごろだったたでしょうか。

牧野　一年前（二〇一四年）の四月だったと思います（前掲『「宇宙人によるアブダクション」と「金縛り現象」は本当に同じか』参照）。

大川隆法　一年ぐらい前ですか。では、それ以降のことですね。

武田　そうですね。

大川隆法　それ以降のことを調べてみましょう。

（瞑目し、両手の指を交差させて、三角形をつくりながら）一年ほど前に、牧野さんにリーディングしましたが、それ以降、彼女とコンタクトをした者、何かノックをしたり、連れ去ろうとしたり、あるいは機械音を聞かせたりしたような者がおりましたら、そのシーンを、私に視せていただきたいと思います。

（約十秒間の沈黙）

うん、星空《ほしぞら》が視えるんです。そして、右下から左上にかけて、機体のお腹《なか》の部分を少し見せながら、横や上も少し見えるようなかたちの（両手で輪をつくるようなしぐさをしながら）、こういう円盤……。いや、円盤というよりは、これは何でしょうか。（右手を拳《こぶし》にして、渦巻き状の円を描きながら）裏側はグルグルに巻かれていて、中心まで詰《つ》まっているドーナツのような感じです。そのような、丸くグル

〈上〉グルグル巻きのドーナツ型のような円盤。
〈下〉マンボウのように丸みのある機体で、垂直に切れた後部から炎を噴射している。

グルと巻いたものが、上側が少し視えているようなかたちで、(右手を左斜め上に上げながら)こういうふうに飛んでいるのが視えます。

上のほうは星空ですね。そういうものが視えています。

次に視えてきたものは、ややスタイルが変わっていて、機体の前のほうが、(右手で「つ」の字形を描きながら)このように出っ張っているのですが、まるでマンボウのように、後ろのほうは垂直に切れています。その後ろのところから炎がたくさん出ている感じです。おそらく、これは噴射口《ふんしゃこう》でしょうね。

機体は丸みがあるので、ちょっと、「三角形」とは言いかねるのですが、マンボウのように、頭だけで泳いでいる感じなのです。そして、その後ろから炎のような噴射が出ているので、やはり、何らかの宇宙船かなとは思われます。こんなものが飛んでいるのが視えますね。

うーん、ちょっと、〝宇宙のオンパレード〟なんですけど(笑)。

雲間《くもま》から、光を放つ「龍《りゅう》」が出てくる

大川隆法　もうちょっと、前にいる方（牧野）に話を近づけて、視せてもらえないでしょうか。

（両手を軽く左右に開く。約五秒間の沈黙）次に視えてきたものは、うーん、少し靄《もや》とか雲とかが渦巻いていているなかに、龍《りゅう》のようなものが視えるんです。これは、当会のアニメにも描かれているような龍ですね（注。二〇一二年公開の映画「神秘の法」や、二〇〇三年公開の映画「黄金の法」に、龍が登場する場面がある）。あの龍のようなもので、全身はまだ視えていないのですが、首から上ぐらいのところと、顔は視えますね。そして、口を開いたりしているのですが、長いひげが生えていますす。これは、明らかに龍ですね。雲間《くもま》のなかから、龍のようなものが出てきています。

なぜ、これが出てきているのかは、私にはまだ分かりません。龍のようなものが

靄や雲が渦巻くなかに、長いひげを生やした龍のようなものが首を出している。

出てきていて、こちらを向き、クワッ、クワッと口を開けています。今、龍の口から、強い光が出ています。うーん、ドラゴンですね。この龍の口のまわりに、靄というか、雲のようなものがあるのですが、ここから発光体のようなものが出ていて、ピカピカピカピカ光っているのです。今日は、奇々怪々ですね。そうとう、いろいろなものが関係しているのかもしれません。どういうことなのでしょうか。

（右掌を前にかざしながら）この龍は何なのですか？

（約五秒間の沈黙）うーん、分かりにくいな。分からない。もうちょっと、牧野さんに直接関係があるものを絞り出してもらえないでしょうか。もう少し分かるように視せてもらえないでしょうか。

女子寮《りょう》のあたりで視《み》える「オニヤンマのような昆虫《こんちゅう》の顔」

大川隆法　では、もう少し場所を絞ります。女子寮《りょう》のあたりにセットしますので、そこで起きているものを視せてください。牧野さんのことでよいので、女子寮のあたりで何が起きているのか、視せてください（瞑目し、右掌を回しながら牧野にかざす）。

今度は、昆虫様《こんちゅうよう》に視えるのですが、（両手で二つの大きな縦長の楕円を描きながら）目がかなり大きな生き物に視えますね。仮面ライダーよりも大きいかもしれません。それぐらいの大きな生き物ですが、二足歩行ではないものですね。

うーん、体が横に伸びているので、昆虫状のものかと思われるのですが、目がすごく大きいことが分かります。目は二つあるのですが、かなり大きいです。

今、オニヤンマの顔とにらめっこをしているような感じに視えています。胴体はあるのでしょうが、ずばり、足で立っているようには視えません。

（右手の親指と人差し指と中指を立てながら）それで、あなたはお話ができる方ですか？

牧野さんのところに行きましたか？

対象者の見たビジョンを一つひとつリーディングしていく。

（約十秒間の沈黙）うーん。次の映画「UFO学園の秘密」に出てくる、ウンモ星人に少し似てはいます（笑）（注。ウンモ星人とは、体長約三メートルの蜂のような外見をしている宇宙人で、性格的には臆病《おくびょう》で平和を愛し、キリスト教に似た「愛の教え」と「科学的思考」を両立させているという。母星《ぼせい》が食糧《しょくりょう》危機に陥《おちい》ったため、移住先《いじゅうさき》を探して地球にも飛来《ひらい》している。『宇宙人との対話』〔幸福の科学出版刊〕参照）。絵とは少し違うのですが、似ている感じではあります。

うーん、今回は手強《てごわ》いですね。かなりいろいろなものが出てくるから、特定しにくいのです。とても分かりにくいですね。

3 〝トンボ型宇宙人〟の正体を探《さぐ》る

守護霊《しゅごれい》が、「夜に起こる怪奇《かいき》現象の正体と目的」を描写《びょうしゃ》する

大川隆法　（約五秒間の沈黙《ちんもく》）それでは、透視《とうし》だけでは分かりかねるので、牧野さんの守護霊《しゅごれい》に、どんな体験をしたのか訊《き》いてみたいと思います。

（合掌《がっしょう》し、瞑目《めいもく》する）

牧野さんの守護霊、牧野さんの守護霊。

どうぞ、私のほうに入ってきて、どういうことを霊体験なされているのか、霊としてのあなたは、何を見て、何を感じたのか教えてください。

牧野さんの守護霊よ、牧野さんの守護霊よ。どうかこちらに来て、霊として、あなたはどんなことを感じたのかを教えてください。

（合掌した手を擦《す》り合わせながら、縦《たて》に振《ふ》る。約十秒間の沈黙）

牧野守護霊　こんにちは。

武田　先ほど、総裁からお話がありましたが、牧野さんが、この一年ぐらいの間、特に夜、経験された現象について、つまり、枕元《まくらもと》で「コンコン」というノック音が聞こえることなどについて、ストレートに描写《びょうしゃ》していただけないでしょうか。

牧野守護霊　今、先生がおっしゃったような、トンボ型の宇宙人みたいなものが来ていますね。

たぶん、その羽音《はおと》が機械音のように聞こえているると思うし、「トントン」っていうのは、壁《かべ》に頭をぶつけている音でしょう。

トンボ型宇宙人が来ていると思います。

武田　はい。

牧野守護霊　大きさは二メートルぐらいあると思うんですが、それがときどき来ているように見えますね。

でも、その目のところは、普通《ふつう》の自然界のトンボのようではなく、一種のカメラになっていて、見た情報が、ほかのところに送られるスタイルになっていると思います。

まあ、要するに、今、地球で〝流行《はや》り〟のドローンですか?

全長２メートルのトンボ型宇宙人。その目にカメラ機能を持つ偵察用ロボット風のもの。その羽音が機械音に、壁に頭をぶつける音がノック音に聞こえたと考えられる。

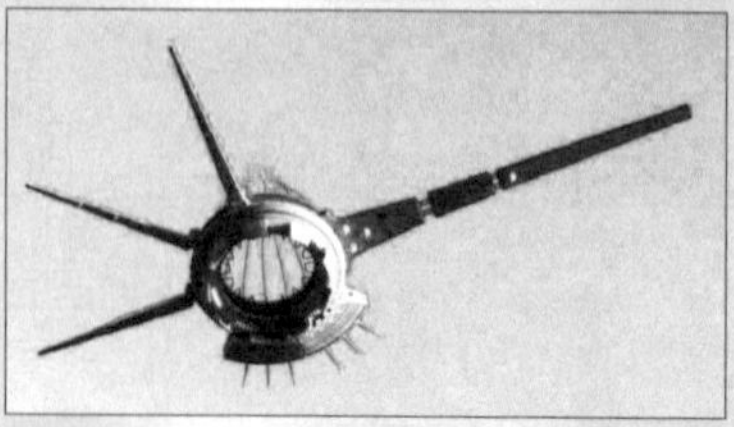

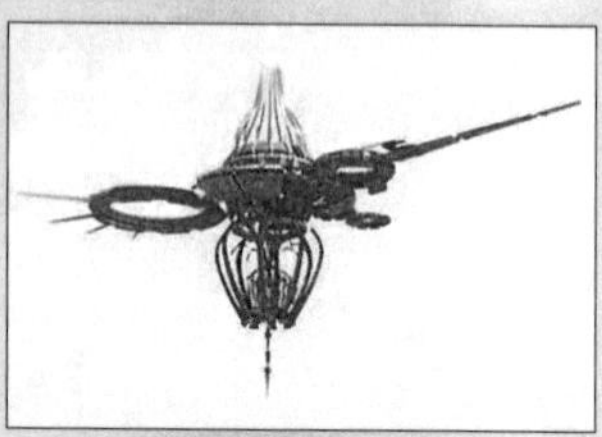

「ドローン」（無人機）といわれる小型UFO。その形状から、別名「ドラゴンフライ」（トンボ）とも呼ばれている。アメリカ西海岸を中心に、さまざまなタイプが目撃されている。（左：2007年４月撮影／右：2007年６月撮影）

武田　はい。

牧野守護霊　ああいう偵察機《ていさつき》的な機能を持っているトンボ型のものですね。偵察用ロボット風のものかなと思います。

その目にあるカメラ機能で、いろいろなものを見ようとしているんでしょう。この世の建物とかを透《す》かして、なかが見えるような能力が、ある程度あるように思われます。

それが「コンコン」と来ているものの正体で、その羽音が機械音のように聞こえているのかと思います。

それが女子寮《りょう》のあたりに飛んできて、ときどき覗《のぞ》き……、まあ、「覗き」というべきかどうかは分かりませんが、来ているように感じられるんですけれども。

武田　それ（トンボ型宇宙人）は、何を見ているのでしょうか。あるいは、牧野さんの守護霊は、何を見られましたか。

牧野守護霊　ある程度、近くまで来ないと、眠《ねむ》っている……。まあ、夜は眠っている方々が多いので、眠っている人の意識のなかに入るのに、あんまり遠いと難しいから、近くまで来て……。

武田　ふーん。

牧野守護霊　相手の姿を捉《とら》えられるぐらいまで接近し、（対象者が）夢を見ているような状態のときに、意識のなかに入り込《こ》んできて、心の中身を……、うーん、何て言うのかなあ。〝グーグルしてる〟っていうか。

武田　ほお。

牧野守護霊　何か検索《けんさく》して、地球人のものの見方や考え方、それから、今、体験していることや仕事関係のこと等、いろいろな情報について、その映像を捉えながら調べているように見えますね。

対象者が宇宙人に注目されているのはなぜか

武田　牧野さんのところには、四年ぐらい前にも、ホワイトグレイのようなものが来ていました。その当時は、彼らは心のなかではなく、肉体を検査しに来ていたと思います（前掲《ぜんけい》『「宇宙人によるアブダクション」と「金縛《かなしば》り現象」は本当に同じか』参照）。

牧野守護霊　ええ。

武田　これとは、また別の宇宙人ですか。

牧野守護霊　種類としては、違《ちが》うように見えますね。えっと、「おそらく」ですけれども、うーん……、この人（牧野）が今いる仕事の位置は、観測《かんそく》用としては、すごくいい位置なんですよ。

武田　ほお。

牧野守護霊　大川総裁を中心とした、幸福の科学のいろいろな活動をモニタリングするのに、非常に〝いい位置〟に本人がいるので。

武田　はい。

牧野守護霊　だから、彼女がいろいろ見聞きしたことの情報データを、別のところに集めて解析《かいせき》しているような感じには見えますね。

ただ、「それはなぜか」と言われても、まあ、「注目されているから」としか言いようがないんですけど。

武田　ええ。

牧野守護霊　まあ、今のところ、身に危険が及《およ》ぶとは思っていません。やっぱり、総裁のところへは、直接、行きにくいので、外側にいる人で、アクセスしやすい人のところへ来て……。

武田　ああ、彼女はアクセスしやすいのですね？

牧野守護霊　うん、そうです。この人（牧野）は、アクセスしやすいみたいなんです。

武田　はい。

牧野守護霊　（約五秒間の沈黙）まあ、波動《はどう》がとても優《やさ》しいのでね。宇宙人たちも、すごく嫌《きら》う念波《ねんぱ》っていうか、怒《おこ》るような感じの波動を受けると、やっぱり傷つくので。

武田　そうなんですか。

牧野守護霊　ええ。そういうのは苦手《にがて》ではありません。

（牧野は）優しい波動だから、（宇宙人たちは）「何となく、近づきやすい」って
いう感じを受けているように思います。

武田　分かりました。

地球人の反応を見て、情報収集の手口を変える宇宙人たち

竹内　そのトンボ型の宇宙人が、カメラで撮《と》った情報を送信している先があると思
うのですが……。

牧野守護霊　そうだと思います。

竹内　その送信先は、どちらだと感じられますか。

牧野守護霊　うーん。ですから、上空には、先ほど大川総裁のリーディングでいろいろ出ていましたけど、何らかのＵＦＯみたいなものがいるんだと思うんです。

ただ、グレイのようなものが直接、入ってくると、すごく怖《こわ》がるから、今はそれをやめていて、そういう、地球の生物に似た姿をした探査用のドローン型のものを送ってきて、モニタリングしているんでしょう。

要するに、直接さらうようなことをすると嫌《いや》がるので、そうではなくて、観察する感じで見ているんだと思われます。

あともう一つは、まあ、この人（牧野）のなかには、まだ眠っている巫女《みこ》さん的能力のようなものがあることはあるし、過去の転生《てんしょう》の記憶《きおく》のようなものもあることはあるので、そのへんも含《ふく》めて、調査対象として注目されているところはあると思います。おそらく、そういうことでしょう。

武田　では、「場所」というよりは、「人」を見て入ってきているということですね？

牧野守護霊　この人（牧野）に関してはそうですね。

武田　ところで、牧野さんが祈願《きがん》を受けたあとに、隣《となり》のお部屋や近くのお部屋などでも、同じような「コンコン」というノック音がし出したようなのですが、これが同じものかどうかは、お分かりになりますか。

牧野守護霊　別の人なので、それぞれに訊いてみたほうが、よろしいのではないでしょうか。

武田　はい。分かりました。

トンボ型宇宙人が集めた情報の行方《ゆくえ》とは

牧野守護霊　では……。

竹内　すみません。もう一度、お伺《うかが》いしたいのですが……。

牧野守護霊　はい、はい。

竹内　先ほど質問した「送信先」というのは、どこだと思われますか。

牧野守護霊　うーん……。

竹内　先ほど総裁が霊査《れいさ》したら、いろいろな世界とか、さまざまなＵＦＯとかが視えたのですが、牧野さんのところに来ている〝トンボ〟が情報を送っているのは、どちらになりますか。

牧野守護霊　たぶん、いろいろなところに来ている、調査用の小規模の円盤《えんばん》だとは思うんですが。

竹内　はい。

牧野守護霊　それは、世界各地に行っていて、さらに、それを大きな母船みたいなところに、もう一回、集めているのではないかと思います。

竹内　はい。

牧野守護霊　それは、「調査は地球規模でやっている」ということを意味しているんだと思うんです。地球の大きな変化が起きるきっかけになっているようなところに調査に入って、情報を集めているんでしょうね。

幸福の科学は、地球の未来にかかわる、非常に大事なところだから、最新の動きも、もれなく集めようとしているので、一人だけではなくて、ほかの人からも（情報を）取ろうとしているのではないかと思います。

いずれにしても、小型円盤が……。

竹内　小型円盤ですか。

牧野守護霊　ええ。必ず、それが上空にいますので、まずは、そちらへ情報を送って、たぶん、そこから母船に行っているはずです。

竹内　分かりました。

宇宙人たちが恐《おそ》れていることは「地球人のパニック」

武田　これ（トンボ型宇宙人）は、「友好的なものなのか、邪悪《じゃあく》なものなのか」というと、直感的に、どちらだと思われますか。

牧野守護霊　うーん……。今、あなたがたは、「現実に、宇宙人との交流はある」ということを知らせようとしておられますでしょう？　少なくとも、「それについては賛同している」というか、それを推進する立場の人たちであることは、間違いありません。

ただ、彼らが恐《おそ》れていることは、真実を全部、明らかにしたときに、地球人が恐《きょう》怖《ふ》することです。パニックが起きることは明らかであるので。

竹内　はい。

牧野守護霊　それを起こさないために、まずは、「半信半疑《はんしんはんぎ》ぐらいで、近寄れるようなもの」、つまり、宗教の現象だとか、アニメだとか、マンガだとか、そういうような、間接的に、「フィクションや、想像物としてありえるかも」というあたりのところから、基礎知識《きそ》を「薄《うす》く」「広く」撒《ま》いています。まあ、映画とか、ドラマとかもそうですけどね。

そのように、基礎的な知識を薄く広く撒いて、だんだん真実が出てきたときに、地球人が恐怖しないで、「ああ。ある程度、知っている」みたいな感じになるようにしているんだと思うんですね。

そうしませんと、地球人の習性として、（宇宙人が）露骨《ろこつ》に出てくると、すぐ攻《こう》撃《げき》してきたりしますので。

武田　ええ。

牧野守護霊　侵略《しんりゃく》的な意図で来ていなくても、攻撃を受けたりしたら、宇宙の人たちだって、身内に被害《ひがい》が出てきたりすると、なかには手荒《てあら》なことをし始める方も出てくるわけで。

その意味で、今、幽霊《ゆうれい》まがいといえば、幽霊まがいかもしれませんが、よく分からないような感じでやっていることは事実ですね。そんな感じかな。

武田　分かりました。

以前のリーディング後に見た夢の「真相」とは

武田　最後に、ちょっと別の話になりますが、一年前、リーディングをしたあと、ご本人が夢を見たと聞きました。

以前のリーディングでは、「ガマガエル型の宇宙人が上で糸を引いていた」ということだったのですが、そのリーディングのあとに見た夢のなかで、当会の広報系の方と、一緒《いっしょ》にお風呂《ふろ》に入ったそうです（苦笑）（注。以前のリーディングで、金星のイボガエル型宇宙人であったことが判明している幸福の科学の幹部職員のこと。『宇宙人リーディング』〔幸福の科学出版刊〕参照）。

そういう夢を見たという話を伺ったのですが、この夢には、どのような意味があると思いますか。

牧野守護霊　それはちょっと、あの……（苦笑）、困りましたね。それは、ちょっと困る……。その相手が誤解《ごかい》するじゃないですか。

武田　（苦笑）「この夢は、何だったのか。どのように解釈《かいしゃく》したらよいのか」を伺いたくて……。

牧野守護霊　だから、〝ガマさん〟を見たときに連想したということだと思いますが、「お風呂に入っていた」というのは、やや誤解を生むものがあるんですけども。まあ、それはたぶん、円盤のなかに行っていたんだろうと思います（注。牧野は前回のリーディングの際、ガマガエル型の宇宙人にアブダクションをされたことが判明している。前掲『「宇宙人によるアブダクション」と「金縛り現象」は本当に同じか』参照）。

（牧野に）いろいろな検査を受けさせる前に、「消毒」とか「洗浄《せんじょう》」とか、彼らのスタイルでやってるものがあるんですけど、まあ、それが、〝お風呂〟のようなかたちで印象されたということだと思います。「消毒」や「洗浄」などをいろいろした上で、何か、調べてるところはあると思います。

“ヴィーナスの原型”を探しているガマガエル型宇宙人

牧野守護霊　私《わたくし》からは、とっても言いにくいんですけども、そのガマガエル型の人たちから見ると、私はとても美しく見えるということで、いろいろ調べたがっていて。

武田　はい。

牧野守護霊　映像とか、立体とか、いろいろ、形を取っているようではあります。

武田　うん、うん。

牧野守護霊　まあ、今は醜《みにく》い姿になっているけど、彼らにはもともと、美を求める傾向《けいこう》があって、〝ヴィーナスの原型〟みたいなものを探しているので。地球上に、今、存在している人のなかで、〝ヴィーナスの原型〟になるものを集めている感じには見えますね。

武田　はい。

牧野守護霊　だから、「私も、その端《はし》くれに入れていただいているのかなあ」と。自惚《うぬぼ》れかもしれませんが、そんなふうに思います。広報の方と一緒にお風呂に入ったという自覚はございませんが、ガマガエル型のものがいたことはあったのかなとは思います。

武田　はい。

牧野守護霊　まあ、いろいろなものが出てくるので、これからどうしましょう。本当に困りましたね。

武田　（苦笑）

牧野守護霊　どうにかしていただきたいですね。ほかの方とお風呂に入るように、お願いしないといけないかもしれませんが。

竹内　（苦笑）

「地球的な美の基準」を法則化しようとする宇宙人の狙《ねら》いとは

武田　ただ、危険は、感じていないということですよね？

牧野守護霊　うん。危険という感じではないです。

武田　分かりました。

牧野守護霊　すごく知りたがっている感じですかね。ただ、知識的なものを調べるだけでなくて、星によって、いろいろと「真・善・美」が違うので。

武田　はい。

牧野守護霊　「真は何か」、それから「善は何か」「美は何か」は、星によって違うので。その美のところ……、確かに、私（地上の牧野）も（大川総裁の）メイクをしたりとか、ヘアセットをしたりとか、いろいろしますので、個人的には、「美」

について非常に関心があります。

その美の基準、つまり、「地球的な美の基準は何か。何をもって、美しいと感じるのか」「私が、何を美しいと感じ、何を美しくないと感じるのか」というようなことを知りたがっているっていうか、「美しいと感じるのは、何を見て判断するのか」みたいなことですね。

地球人的な……、まあ、地球のなかでも日本かもしれないけど、そういう「美の基準」のようなものを、できるだけ法則化しようとしています。

武田　はい。

牧野守護霊　これは、おそらくは、「彼らが地球人と会う際に、どういう姿で出てくると好まれるのか」みたいな、基礎情報を集めているのではないかと思うんです。

武田　ええ。

牧野守護霊　なるべく、地球人に好まれる姿で現れるっていうかたちかな。まあ、宇宙人として、そういうビジョンを見せて現れたほうが、印象がいいということなのかなと思います。

竹内・武田　はい。

牧野守護霊　ちょっと言いすぎたかもしれませんけれども、私は今後も、まだまだターゲットになるんでしょうか。

でも、何か、金星と関係があるのかもしれません。

武田　そうですか。

牧野守護霊　私自身の魂《たましい》が、金星と関係があるのかなあとは思っています。

武田　分かりました。

竹内　ありがとうございます。

武田　ありがとうございました。

実は、太古の金星には地球人の前身となる人類が存在し、「愛」「知」「反省」「発展」を合言葉に、最高度に発達したユートピア社会を築いていたことが『太陽の法』（幸福の科学出版）に記《しる》されている。金星文明は調和の面が強く、美的な芸術性に優《すぐ》れていたという。（上：映画「太陽の法」から）

4 「奇怪《きかい》なノック音」の正体を探《さぐ》る

天狗《てんぐ》のようなものが長い鼻でつついているところが見える

大川隆法　それでは、こちらの人も、直接、調べてみましょう。

武田　はい。大澤《おおさわ》さんです。

大川隆法　ノック音が聞こえたんですか？

武田　ええ、ノックをされたということと、それから、夢のなかで火星かどこかに行き、巨大《きょだい》な蟻《あり》星人と会って、教えを受けたとのことです。

大川隆法　蟻のような、ですか。確かに、先ほど目の大きいものが出てきましたからね。

ああ、そうですか。大澤さんですね。

それでは、大澤さんの守護霊《しゅごれい》に、直接訊《き》きます。大澤さんの守護霊に、直接訊きます。

コンタクトに近い経験をされたようですが、どういうことだったのでしょうか。

その実状をお話しください。

大澤さんの守護霊よ、どうぞ来てください。

（約十秒間の沈黙《ちんもく》）

竹内　こんにちは。

大澤守護霊　お世話になっております。

竹内　はい。お世話になっております。大澤さんが、夜の八時から九時台の間に、ノック音を聞かれたとのことです。

大澤守護霊　はい。

竹内　先ほど、牧野《まきの》さんのほうのリーディングであった「トンボ型（宇宙人）」という説もあるのですが、大澤さんのほうには、どのような現象があったのでしょうか。

大澤守護霊　うーん……。うーん……。私は、トンボではない……。

竹内　トンボではない？

大澤守護霊　……ような気はするんですけど。うーん……。（約十秒間の沈黙）私のは、トンボじゃないですねえ。

うーん、私のは……、まあ……、なんか、すごく鼻が長いものです。

竹内　鼻が長い？

大澤守護霊　うーん。鼻が長いものなので、似ているものを言うとすれば、天狗《てんぐ》さんのお面に、よく似たように見えるので。

竹内　うーん。

日本の伝承による天狗像イメージ。

大澤守護霊　天狗のようなものが、なんか、その鼻でつついているように、私には見えるのですが。

竹内　その人は、二足歩行《にそくほこう》ですか。

大澤守護霊　まあ、そういうふうに見せられているだけなのかもしれないので、ほんとの姿が、そうかどうかは分かりませんが。

竹内　うん、うん。

大澤守護霊　今、あなたに訊かれて、私に見えるものとしては、やっぱり、修験者《しゅげんじゃ》姿《すがた》に近いものです。

烏帽子《えぼし》を被《かぶ》った修験者に近いかたちで、顔は天狗で鼻が出ている感じの、あの姿が、今、私には見えています。

竹内　うーん。

大澤守護霊　なんか、その鼻が、コンコンしているように、私には見えます。これは、そういうふうに見せられているだけなのかどうかは分かりませんけど、私には、今、そんなふうに見えています。

「どのような規範《きはん》を持って生活しているのか」を調べている？

竹内　その天狗さんは、ノック以外で、どのようなことをされていたか、当時を霊《れい》視《し》してみると何が見えますでしょうか。

大澤守護霊　（約十五秒間の沈黙）やっぱり、私も、先ほどの牧野さんほどではないけれども、「情報を集める」という点においては、もうちょっとサブ的なものかもしれないけれども、周辺情報を集める一つになっているように感じられます。

竹内　うん、うん。

大澤守護霊　まあ、天狗さんが、なんで、そんなに関心があるのかは、私にはちょっと意味不明なんですけどね。それは分からない。

竹内　うーん。

大澤守護霊　あるいは、天狗に見せているだけなのかもしれないし、ちょっと分からないんですが。

私に関心を持っているのは、主として、うーん……。やっぱり、ほんとは、いちばん関心があるのは、エル・カンターレなんだと思うんですが、直接したら、すぐに見つかるので、できない。

それで、周辺の人たちが、どんな仕事をして、どんな判断をして、どういう好みがあって、好きなものとか、嫌《きら》いなものとか、タブーは何であって、というような、こういう家周りのいろいろなことについて……。規則や、戒律《かいりつ》なのか、『ハディース』（イスラム教の預言者ムハンマドの言行録）みたいな生活規範《きはん》なのかは分かりませんが、どういう規範を持って生活しているのかみたいなことを、調査しているような感じに見えます。

それで、私のほうは、補助条件としてのサンプルを採《と》られているような感じはします。

竹内　うん、うん。

大澤守護霊　だから、先ほどのが宇宙人なら、こちらも宇宙人でなきゃいけないと思うんですが、私の目には、そういう「天狗型」に見えるので。あるいは、そう見せられているだけなのかどうかは分からない。

天狗《てんぐ》に見えてはいるが、宇宙人かもしれない

竹内　その天狗《てんぐ》の実体は、三次元的な物体なのでしょうか。それとも、霊的実体なんでしょうか。

大澤守護霊　（約十秒間の沈黙）なんか、意味しているものは……、千里眼《せんりがん》的なものも意味しているらしい。「天狗の千里眼」っていうように、遠くにあるものまで視《み》えるっていうことなので。

まあ、もしかしたら、天狗の姿に見えているけれども、宇宙の彼方《かなた》から何らかの装置を使って遠隔《えんかく》で視ている機能が、そういうふうに現れているのかもしれません。

竹内　ううーん……。

大澤守護霊　天狗のパターンは、そういう千里眼で遠くが視えること。それから、団扇《うちわ》を使って風を起こしたり、舞《ま》い上がったりできること。それから、空中を飛べること。天狗の条件ですね。

それから、「朴歯《ほおば》の下駄《げた》を履《は》いて、上昇《じょうしょう》気流に乗る感じの上向《うわむ》きの気分が非常に快適で好きだけど、下《くだ》りは嫌いで、転げ落ちる」というのが天狗のパターンとして言われていますが。

まあ、古来から言われている天狗も、もしかすると、天狗という精霊《せいれい》ではなくて、「昔の人が宇宙人を見たら、そう見えるかもしれない」っていうところはあるかもしれませんね。変わった宇宙人なら、そう見えたかもしれないので。

私は、ちょっと古い魂《たましい》なので、天狗に見えてるだけなのかもしれません。

竹内　うん……。

大澤守護霊　だから、もうちょっと現代的な魂であれば違《ちが》うように見えるのかもしれませんが、私には、天狗のようなかたちに見えてるだけで。

うーん、確かに「宇宙人」というふうに見れば、そういう動き方はしますね。飛びますし、空中に浮揚《ふよう》するし、ある種の超能力《ちょうのうりょく》は使うし。

確かに、八手《やつで》の葉っぱのような団扇を使って風を送ると、何か、人の心も操作できるようなところがあるようには見えますね。

竹内　なるほど。

大澤守護霊　ただ、私はちょっと古い霊なので、平安時代の霊なので。

竹内　あっ、平安時代の方なんですか。

大澤守護霊　それで、私には天狗に見えてるけど、もしかして現代的に翻訳《ほんやく》すると、「宇宙人」なのかもしれないですね。

「宇宙人」だとしたら、たぶん、形的なものは似ているはずだから、まあ、宇宙服を着ていても、そういうふうに見えるかもしれないけども、でも、何らかの突起《とっき》物《ぶつ》が（鼻のあたりに）付いているものでしょう。もしかしたら、これは、地球の酸素と二酸化炭素の割合が、彼らに合わないので、それを変換《へんかん》するような呼吸機器なのかもしれません。

竹内　なるほど……。

大澤守護霊　そんなものが付いていて、地球の大気の構成をちょっと調整して、息ができるようにしている。そのために、これを付けている可能性がないわけではありませんけれども。

ちょっとそれについては、よく分かりません。

竹内　分かりました。

大澤守護霊　でも、たぶん、宇宙人でなければ、天狗か何か、そういう何かが来ている。それは、三次元的ではない世界のものなのかもしれないけれども、三次元っていう、この世の物質世界で現象化《げんしょうか》できて、実体化して姿を現せるものでもある。

竹内　うーん……。

天狗の姿のように見えるものは、実は、天狗に似た宇宙人、あるいは千里眼的な機能の象徴が実体化したものかもしれないという。また、長い鼻のように見える突起物は地球の大気に適応するための呼吸機器の可能性もある。

さまざまな宇宙人情報のなかでは、「ロング・ノーズ・グレイ」（右）と呼ばれるタイプの種類も報告されており、青銅縦目《せいどうじゅうもく》仮面（上：四川《しせん》省三星堆《さんせいたい》遺跡）等との類似性も指摘されている。

大澤守護霊　それは、間違いないとは思う。ただ、ずーっとそのままでいるかどうかは分からない。こんな東京の街中《まちなか》で、天狗が歩いて住めるはずがありませんので、そうは思えないけども、現象化して姿を現すと、そういうふうに見せられるのかなという感じがします。

（部屋は）隣《となり》だと思うかもしれませんが、私は、ちょっと天狗のようなものに……。

竹内　先ほどのリーディングで、たくさんの「宇宙船」が出てきましたし、「龍《りゅう》」の話もあったのですが、その天狗の方《かた》は、どのあたりとつながってそうですか？

大澤守護霊　（約十五秒間の沈黙）すみません、勉強不足でして。もう、家事しかやってないもんだから、勉強はあんまりできていなくて、よく分からないんです。

竹内　いえ、いえ。

大澤守護霊　すみません、もう、どの宇宙船か、ちょっと……。

「蟻《あり》型の宇宙人から教えを受けた」という夢が意味するもの

竹内　あと、夢をご覧になったみたいで、蟻《あり》型の宇宙人からいろいろ教わったんでしたか？

大澤　はい。学びに行った夢を見たんですけど。

竹内　この夢は、どういうことなんでしょうか？

大澤守護霊　（約十秒間の沈黙）うーん、確かに、いることはいますね。蟻型の、うーん……。どこに行ったんでしょうね。どこかの星ですね。どこかの星で、蟻型

「宇宙人リーディング」のなかで蟻型宇宙人が登場する1週間前、リーディング対象者・大澤が夢で見た巨大な蟻型宇宙人イメージ。本人の魂が肉体を抜け出し、教えを受けてきた可能性がある。

の……、ちょっと大きい蟻ですよね。蟻さんみたいなものはいるみたいですね、確かに。
たぶん、私がいつも、床《ゆか》とか地面とか、そういう作務《さむ》系統のものにちょっと関心が多いので、そういう視点が、何か、蟻さんの視点とよく似てるんでしょうかね。

竹内　（笑）はい。

大澤守護霊　いろんなものを、周りで細《こま》かく見る癖《くせ》があるので。うーん……、何か、そういう訓練みたいなのを教えてくれているような感じはあります。

竹内　では、友好的、平和的な蟻型の宇宙人の方ということなんですかね？

大澤守護霊　そうですね。特に、悪いことをしようとしているようには、私には思えないんですけれども。蟻は、地球では小さなものでしょうけども、宇宙には大きいものもいるんです。ただ、機能的には似たものはあるので、蟻の目で見れば、例えば、埃《ほこり》さえ見えますしね。ゴミも埃も見えるし、傷《いた》んでるものとか、汚《よご》れてるものとか、いろいろなものが見えるでしょう?

竹内　ええ。

大澤守護霊　そういう見方は、私もするので。まあ、何か同通するのか、あるいは、私自身の魂のルーツが関係しているのか。もしかしたら仲間なのかもしれません。うーん……、そんな感じですか。

武田　これは、霊的に行かれたんですか。それとも、実際に宇宙船に乗せられて行ったんですか?

大澤守護霊　うーん、よく分からないですが、でも、本人の魂が抜《ぬ》け出して行ってる可能性のほうが高いんじゃないかとは思うんです。連れていかれてるんじゃないかと思うんですけどね。

うーん……、すみません、頭の悪い守護霊で。申し訳ない。

間接情報を集めて「エル・カンターレ研究」をしている

竹内　ただ、女子寮《りょう》に起きている現象の原因が、いまいち見えないところもあるんですけど、どの方の守護霊に訊いたら、情報を送っている元の正体が分かりそうですか。何人か、体験されている方もいるんですけれども。

大澤守護霊　うーん……、でも、あなたの家も一緒《いっしょ》でしょ？

竹内　私ですか?

大澤守護霊　うん。同じだと思います。

竹内　同じですか?

大澤守護霊　たぶん、一緒になっていると思いますよ。

竹内　調査対象ということですね。

大澤守護霊　毎日、両方、幽霊《ゆうれい》も来れば、宇宙人も来てる。その状況《じょうきょう》はほとんど同じ。

この人(武田)のところもそうなんだけど、鈍感《どんかん》で分からないだけで。

竹内 （笑）

大澤守護霊 来てるんだけど、分からない。

竹内 来てるんですか？

大澤守護霊 うん。分からないだけだと思う。

竹内 なるほど。これを調べるには、どうしたらいいですかね？

大澤守護霊 だから、周りをシラミ潰《つぶ》しに、いろいろと調べているんだと思うんです。大川総裁のところへ行くと捕《つか》まる恐《おそ》れがあるので、そこだけは行かないようにしているんですよ。

竹内　なるほど。

大澤守護霊　ほかのところは大丈夫《だいじょうぶ》なので、いろいろなところへ行って、間接情報を集めて、「エル・カンターレ研究」をしているんだと思うんです。

竹内　うーん……。

大澤守護霊　うん。いろいろな人の仕事を通じて。みんな部分的にやってるけど、それら全部を通じて研究してるんだと思いますね。

竹内　うーん。

大澤守護霊　だから、資料をつくっていると思われます。

竹内　分かりました。

大澤守護霊　いや、あなたのところも一緒ですよ。

竹内　私も一緒ですか？

大澤守護霊　うん。あなたのところは、もっと来てる。

竹内　あっ、そうですか。そうしたら、私の守護霊に訊いたらいいですか？

大澤守護霊　いや、あなたの守護霊は、もう（話が）終わらなくなるから、いいですよ。

竹内　（笑）（会場笑）

大澤守護霊　もう、延々《えんえん》としゃべると思います。

竹内　そうですか。じゃあ、やめときましょう（笑）。ええと、どうしましょう。もう、いいですか？

大川隆法　じゃあ、残りを行きますか（手を数回叩《たた》く）。

武田　ありがとうございました。

対象者の守護霊を招霊し、体験したときの状況をヒアリングする様子。

5　地球に来ている「グレイ」の正体を探《さぐ》る

関節に小さなグレイがたくさんいる夢を見た対象者を霊査《れいさ》する

大川隆法　それでは、ついでに、あちらの方にも少し訊《き》いてみましょうか。

武田　それでは、替《か》わりましょうか。倉岡《くらおか》さんと岡部《おかべ》さん、二人で出ますか？

大川隆法　岡部さんが体験したことは？

竹内　「グレイが身体《からだ》の関節部分にいた」という夢の話をしていました。

大川隆法　ああ。レントゲン写真か何かでしたっけ？

竹内　はい。病院で検査をしたら、小さなグレイが関節に……。

大川隆法　関節にグレイが入る？

武田　関節のいたるところに、小さなグレイがいたという夢？

大川隆法　そういう夢を見たというのですね？

武田　（岡部に）ほかには、ノックでしたか？

竹内　それから、寮《りょう》のお隣《となり》の方が、「岡部さんのドアの前にグレイがいるという夢

関節のなかに小さなグレイがたくさんいるという夢を見た対象者・岡部。その寮の部屋のドア前にグレイが立っていたという夢を別の人物が見ている。

を見た」という……。

大川隆法　「グレイが立っているのを見た」というのですね？　はい、分かりました。それでは、行きましょうか。

（手を八回叩《たた》きながら）岡部さんの守護霊よ、岡部さんの守護霊よ。どうぞ現れて、その霊的《れいてき》真相をお話しください。

（約五秒間の沈黙《ちんもく》）

怪奇《かいき》現象体験を契機《けいき》に注目を浴びることを喜ぶ守護霊

岡部守護霊　ハッハッハッハッハッハッハッハッハッ……、ハッ、ハッハハハ……。愉《ゆ》快《かい》、愉快、愉快。

武田　愉快なんですか？

岡部守護霊　（手を叩きながら）ハッハッハッハッハッハッハッ……。

武田　今のは……。

岡部守護霊　（手を叩きながら）愉快、愉快。

武田　愉快なんですね？

岡部守護霊　（手を叩きながら）愉快、愉快、愉快、愉快。ハッハッハッ。もっとやれ、もっとやれ。ハッハッハッハッハッハッ……。

武田　今、ちょっと……。

岡部守護霊　うん？

武田　お住まいの寮《りょう》で……。

岡部守護霊　（手を叩きながら）うん。うん。

武田　いろいろと怪奇《かいき》現象が起きていまして。

岡部守護霊　（手を叩きながら）ああ、面白《おもしろ》い、面白い。もっとやれ、もっとやれ。ハッハッハッハッハッ……。

武田　それでは、何が起きているのか、お伺《うかが》いしたいのですけれども、ご存じでしょうか。

岡部守護霊　（手を叩きながら）あ、ああ。それは、まあ、いろいろあるんじゃない？　だから、まあ、めったに注目されることはないので、たまには（怪奇現象も）起きないと、やっぱりいけない。

武田　たまには？　なるほど。

岡部守護霊　やっと檜舞台《ひのきぶたい》に出られた（拍手《はくしゅ》）。うれしい、うれしい、うれしい。

武田　（笑）なるほど、なるほど。

岡部守護霊　（手を叩きながら）私の顔、映《うつ》してちょうだいよ。

武田　（笑）

岡部守護霊　（手を叩きながら）全国に放映《ほうえい》してくださいよ。

武田　ええ。今、映っていると思いますので。

岡部守護霊　（手を叩きながら）スターになりたい、たまには。だって、ほかの人はよく有名になってるのよお！

武田　なるほど。

岡部守護霊　（手を叩きながら、竹内のほうを指して）もう、この人の顔なんか何回も（映像で）流れてるのに、私の顔、流れてない。だから、たまには、こっちに〝スターの座〟を譲《ゆず》って。

武田　うんうん。それでは、今日……。

竹内　ええ。ちゃんと撮《と》りますので、はい。

幸福の科学の中枢《ちゅうすう》部へグレイを手引きするよう頼《たの》まれている⁉

岡部守護霊　（手を叩きながら）ハッハッハッハッハッ。面白い面白い。

武田　それでは、内容をお伺いしたいのですけれども……。

岡部守護霊　（手を叩きながら）ハハハハ……。内容はないよう。

武田　内容はないよう？（苦笑）

岡部守護霊　（手を叩きながら）うん、ふん。うん。

武田　それでは、まず、夢からでしょうか？

夢で、患者《かんじゃ》さんをどこかへ連れていってレントゲンを撮ったら、骨と骨の隙間《すきま》にグレイがたくさんいたという夢を、ご覧になったようですけれども……。

岡部守護霊　（手を叩きながら）なるほど。うん。

武田　あるいは、別の第三者が、岡部さんの部屋の前にグレイが立っているような夢も見たということなんですけれども、これは、あの……。

岡部守護霊　（手を叩きながら）グレイなんかよく来てますよ。うん。

武田　よく来てますか？

岡部守護霊　（手を叩きながら）うん、よく来てますよ。だいたい、そうですねえ、まあ、うーん……、〝ヤクルトのおばさん〟が来ているぐらいの感じの雰囲気《ふんいき》で……。

武田　ほう（笑）、そうですか。ヤクルトのおばさん、毎日来ますけど。

岡部守護霊　ああ、そうですねえ。よく来ますね。ええ。だいたい来てますね。

武田　ええ。

岡部守護霊　やっぱり……、いや、関心があるんだろうから……。関心があることに対しては、まあ、心を開かなきゃいけませんよね。

武田　そのグレイは、岡部さんのところには、何をしに来ていますか?

岡部守護霊　私のところに?

武田　はい。

岡部守護霊　うーん。私は、やっぱり、頼《たの》まれてるんですよ、今。

武田　頼まれている?

岡部守護霊　うん、うーん。

武田　ほお。

岡部守護霊　だから、「もうちょっと幸福の科学の中枢《ちゅうすう》部に、グレイを手引きしてもらえないか」と頼まれているんですよ。

武田　ああ。誰《だれ》に頼まれているんですか?

岡部守護霊　えっ?　「誰に頼まれてる」って、それは、まあ、〝グレイの親玉《おやだま》〟から頼まれてるんですよ、うーん。

武田　親玉……。はああ。〝グレイの親玉さん〟にも、たくさんの種類があるんですよね？

岡部守護霊　うん、そうですねえ。まあ、工場がたくさんあるらしいから。使う主人の考えに合わせて動きますから、彼らは。

武田　それで、岡部さんのところに来ている、そのグレイのご主人というのは、どんな方なんですか？

岡部守護霊　うーん。あなたねえ、私にそんなこと、分かるわけはないでしょう？

武田　分からないんですか？

岡部守護霊　うーん。私に分かるわけないでしょ。そんなことが分かってたら、もう、講師として講演してますよ。

武田　なるほど。

グレイには幾《いく》つかの種類があり、地球にも何種類か来ている

武田　グレイの種類は一種類ですか？

岡部守護霊　うーん……。それは分かんないね。まあ、幾《いく》つかはあるかもしれないなあ。

武田　幾つか……。

岡部守護霊　大小があるのは間違《まちが》いない。大・中・小ぐらいあるのは、間違いないね。

武田　ああ……。ふんふん。それぞれに狙《ねら》いというか目的は違うんですか？

岡部守護霊　うーん。まあ、それは、今みたいに、「夢で見た」っていうものは医《い》療《りょう》用グレイだと思うんですけど。

武田　ほおお。

岡部守護霊　そういう「医療用」、もしくは、この「検査用グレイ」っていうのも

リーディングで明らかになったさまざまな種類のグレイ

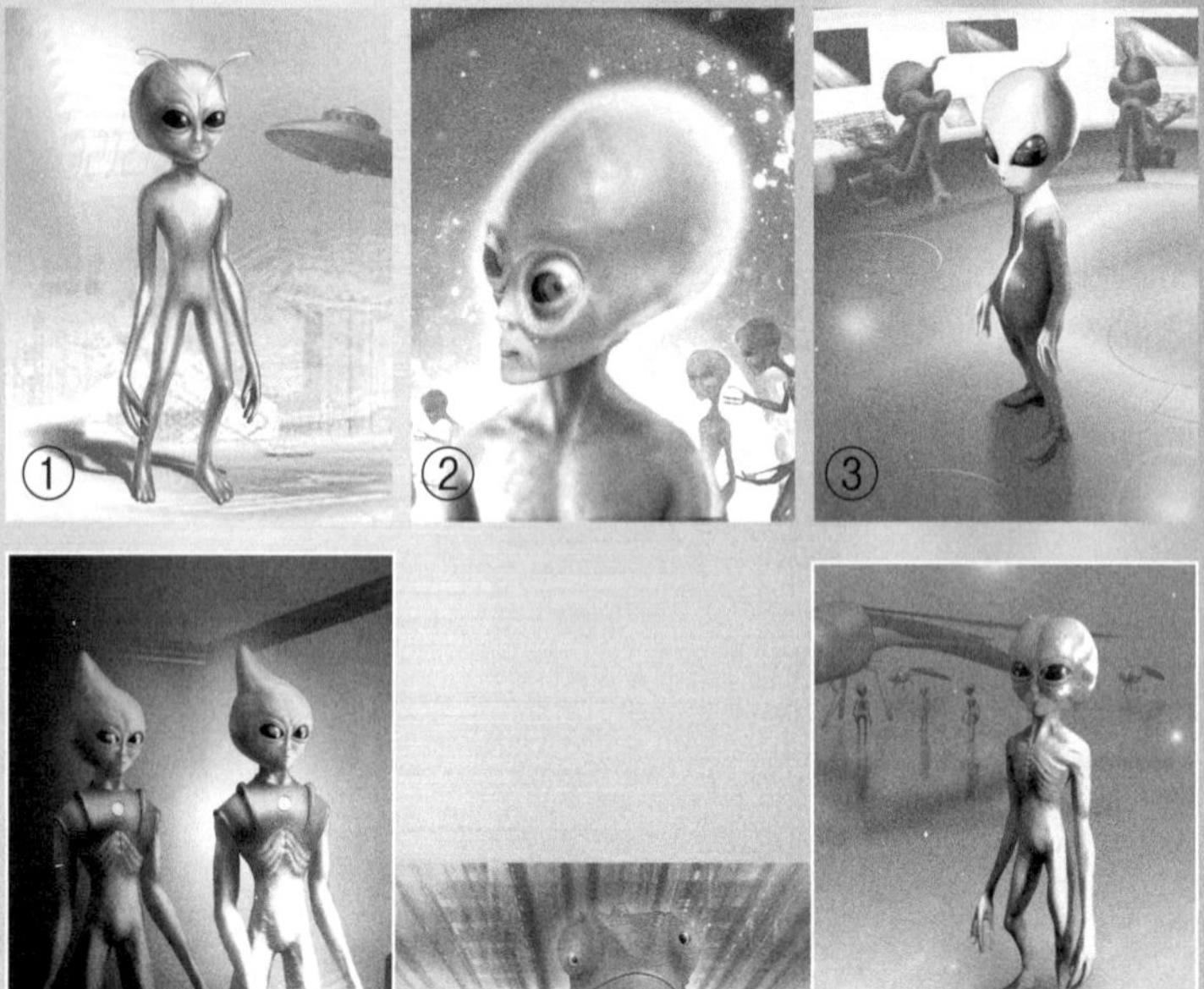

幸福の科学の「宇宙人リーディング」においても、さまざまな種類のグレイが登場している（①触角のあるグレイ ②クリスタル風に輝くグレイ ③ベトナムに飛来したUFOに乗るグレイ ④木星の衛星に基地を持つグレイ ⑤中国の巨大な地下格納庫内のグレイ ⑥グレイの発明・製造に携《たずさ》わったとされるカメレオン型ゼータ星人）。

あるし、単なる「情報探索《たんさく》用グレイ」もあるし、「身代わりグレイ」っていうのもあるんですよ。

武田　身代わりグレイ？　うーん。

岡部守護霊　宇宙人が、自分たちが捕獲《ほかく》されないために、その「身代わりにするグレイ」もあるんですよね。
だから、幾つかの種類があるみたいで、何種類も来てますねえ。

武田　うーん……。

岡部守護霊　でも、さっきの人みたいに、私のことも言ってほしいですね。「日本の美の基準を探《さぐ》るために、私のところへ来ている」と言っていただきたい。誰も言ってくれないから、ほんと。

武田　うーん。何と言われているんですか？

岡部守護霊　え？　え？　ええ？

武田　「グレイを引き入れてほしい」ということですか？

岡部守護霊　いや、私は、気前《きまえ》がいいからね。だから、何かを頼んだら、やってくれるんじゃないかと思われてる。

グレイの「機能」と「有効利用」について、もっと知ってもらいたい

武田　聞いているメッセージは、「グレイをもう少し、幸福の科学の中心部に入れ

てくれ」ということだけでしょうか。

岡部守護霊　宗務《しゅうむ》本部の構成メンバーの〝グレイ比率〟が、やっぱり……。

武田　低い？

岡部守護霊　低い。低いというか、見つけたら、（宗務本部の外に）出しちゃうじゃないですか。

武田　はい。

岡部守護霊　やっぱりそういうことはですね……。

武田　駄目《だめ》なんですかね？

岡部守護霊　宇宙的基準から見ると、合ってないんですよ。グレイは愛されているんですよ。宇宙のサーバントなの。召使《めし》いなんですよ。

武田　うん。

岡部守護霊　あちこちの、いろんな種類の宇宙人が使ってくれている。種類や機種はちょっと違うけれども、使ってるので。やっぱり、このあたりをもうちょっと使えるようにならないと、地球もそういう「宇宙時代」に入れないし、人口増、人口減にかかわらず、人間が便利な生活をするために、そういうグレイっぽいものを使う時代に、もうすぐ入ると思うんですよね。

武田　うーん。

岡部守護霊　だから、もうちょっと慣れておかなければいけないねえ。それから、地球でやっている危険な業務とかは、グレイにやらせればいいわけですよ。

だから、「遠洋漁業」だってグレイがやればいいし、「自衛隊」だって、グレイでだいぶ置き換《か》えられる。あるいは、「地下鉄の穴掘《あなほ》り」なんかも、グレイにやらせればいいことだし。

ね？　地球でもグレイをつくって、やらせればいいわけ。危険業務を人間がやる必要はないわけですから。

だから、グレイの使用目的はたくさんあると思うんですよねえ。

武田　うーん。

岡部守護霊　たぶん、ほかの国で研究しているところもあると思うんですよ。これ、真似《まね》しようとして。円盤《えんばん》みたいなものをつくろうとしているところもあるし、グレイをつくろうとしているところもあるみたいだから。

武田　うーん。

岡部守護霊　そうやって他国の調査に行けば、宇宙人かと思って、仮想敵視《かそうてきし》されないじゃないですか。

武田　はい。

岡部守護霊　そういうことを研究してるところはあるように聞いているので。日本も、グレイ後進国になってはいけないんじゃないかと。

武田　うん。

岡部守護霊　そういう意味で、やっぱりグレイの「機能」と「有効利用」について、もっともっと幸福の科学にも知ってもらいたい。そういうことをPRし、HSU（ハッピー・サイエンス・ユニバーシティ）でも、グレイの開発ぐらいやったらどうかということを、言っているようにも見えますけどねえ。ええ。

毎夜《まいよ》の怪奇《かいき》現象は、昔、グレイ製造工場で働いていた縁《えん》!?

武田　とても（グレイの訪問を）歓迎《かんげい》しているように見えるんですが。

岡部守護霊　いやあ、それはうれしいですよ。

武田　うれしい？

岡部守護霊　やっぱり、夜、訪問してくれるというのは、とってもうれしい。

武田　ああ。では、あなたとグレイは、どのような関係なんですか？

岡部守護霊　私とグレイの関係は……。

武田　とてもお詳《くわ》しいように……。

岡部守護霊　ああ、そうですねえ。まあ、ある意味では、そうかもしれませんね。まあ……、私は、昔、グレイ製造工場で働いていて、主任ぐらいはやっていたので。

武田　はあ……。

岡部守護霊　ええ、ええ。うーん。

武田　当会では他にも、そういう方がいるんですけれども、知っている人はいますか？

岡部守護霊　知ってますよ。ねえ？（手を一回叩く）

武田　はい。

岡部守護霊　伝道局長（収録当時）のね、奥《おく》さんね。

武田　はいはい。

岡部守護霊　グレイ製造工場の責任者だった方でしょ？

武田　はい、はい、はい。

岡部守護霊　だから、一緒《いっしょ》に働いたことはありますから。

武田　一緒に働いていたのですか？

岡部守護霊　うん。私も主任クラスでグレイをつくっていたので。

武田　なるほど。そうしますと、ほかに小林早賢《こばやしそうけん》（幸福の科学理事　兼《けん》　名古屋正心《なごやしょうしん》館《かん》館長）さんなどもご存じなんでしょうか？（注。『白銀に輝《かがや》くクジラ型宇宙人』（宗教法人幸福の科学刊）のなかで、「グレイの製造元《せいぞうもと》の経営者」と名乗っている）

岡部守護霊　ああ。まあ、あの人あたりになると威張《いば》りすぎてて、ちょっと近寄れない。

武田　そうなんですか。

岡部守護霊　ちょっとよく分からないんですが。うん。

『白銀に輝くクジラ型宇宙人』
（宗教法人幸福の科学）

グレイについての研究は、未来の科学への扉《とびら》？

岡部守護霊　今は、伝道局長がちょっとグレイの製造元とつながったので、グレイをもうちょっと大々的にＰＲしないといけない。〝悪者《わるもの》〟とだけ捉《とら》えたら、やっぱりいけないので。

武田　うん。

岡部守護霊　まあ、いいものなの。

武田　いいもの？

岡部守護霊　うん。

武田　悪者ではないんですね？

岡部守護霊　うーん、いや、便利なもの。

武田　便利なもの？

岡部守護霊　もちろん、使う人の心に合わせて変わるんですけれども。

武田　そうですか。

岡部守護霊　使用目的や意図などによって変わりますけど、グレイは便利なものなので、あんまり怖《こわ》がらなくてよろしい。

グレイは、たぶん、昔の「河童《かっぱ》」とか、あんなものともいっぱい間違われていると思うんですけどね。ええ。

武田　ああ。昔から、いるのでしょうか。

岡部守護霊　だから、「妖怪《ようかい》」や「幽霊《ゆうれい》」なんかにも間違われているのかもしれないし。

確かに、彼らは、壁《かべ》を超《こ》えて出たり帰ったりするから、幽霊にも似ていますからねえ（注。宇宙人の進化した科学技術を使えば、物質世界と霊界世界を行き来することが可能になる。そのため、ＵＦＯや宇宙人は、突然消えたり、現れたり、あるいは幽霊のように壁を通り抜けたりすることができる。『宇宙人との対話』〔前掲〕、『グレイの正体に迫る』〔幸福の科学出版刊〕参照）。

武田　うーん。

岡部守護霊　でも、それは〝未来の科学への扉《とびら》〟ですから。やっぱり、グレイについてもう少し研究をすれば、宇宙技術の一端《いったん》は分かりますからねえ。

武田　それが見えるんですか？　では、岡部さんのところに来ている三種類ぐらいのグレイというのは、悪いグレイではないということなんですね？

岡部守護霊　うん、そうそう。

武田　それは便利なものなんですか？

岡部守護霊　うーん。私たちも家事系統の仕事をよくやっていますけれども、これは宇宙の基準で言えば、もうグレイに任せてもいい仕事であるので。上手に情報をインプットしておけば、その日の仕事を自分でコントロールしてできることであるので、まあ、私もちょっとそういうニーズを、今、感じていますね。

だから、家事系は、特にグレイが必要なので、早く幸福の科学でもグレイをお使いになったほうがいいんじゃないんでしょうかねえ。

武田　なるほど。

岡部守護霊　ええ、ええ。

武田　分かりました。では、そんな感じでしょうか。

岡部守護霊　まあ、知識的にはそんなものしかないので、大したことはないんです。

グレイの種類を明らかにするのは幸福の科学の義務

岡部守護霊　私に特別な魅力《みりょく》があって来てるというほどのものではないと思うんですが。昔、そういう製造にかかわったことがあるということで、まあ、「縁《えん》があるかどうか」という意味では、縁があります。うん。

武田　そのときのご縁ということですね。でも、恐《おそ》れる必要はないということですね？

岡部守護霊　うん、危険はないと思います。

武田　ないと？

岡部守護霊　うん。だから、危険なことをしようと思えば、とっくにできているので。

武田　そうですねえ。

岡部守護霊　うーん、科学技術的には地球よりも進んだものを持っているわけだから、人間に害を与《あた》えようと思えば、もうとっくにできていることであるので、まあ、そんなに心配はないと思います。

ただ、機能にいろいろ違いがあるので、グレイの種類ぐらいまでは、幸福の科学として、明らかにする義務はあるんじゃないでしょうかね。そう思いますね。

武田　はい。

岡部守護霊　まあ、宇宙人は〝ずるい〟ですから、直接（自分では）出ないで、グレイを使っていろんなことをやっているということですねえ。

武田　うーん、うん。はい。

岡部守護霊　つまり、人間も、もうそういう時代に入らなきゃいけないと思うんですよね、ええ。まあ、私が知っているのはそんなところです。

武田　ありがとうございます。

大川隆法　はい（手を二回叩く）。

6 「謎《なぞ》の機械音」の正体を探《さぐ》る

「謎《なぞ》の機械音」を調べるため、対象者の守護霊《しゅごれい》を招霊《しょうれい》する

大川隆法　では、こちらの方をお願いします。

武田　最後に、倉岡《くらおか》さんですね。

大川隆法　〝お龍《りょう》さん〟（注。以前の霊査《れいさ》によれば、倉岡の過去世《かこぜ》は、坂本龍馬《さかもとりょうま》の妻の楢崎《ならさき》龍であることが判明している）の体験は、「グレイが立っていたのを見た」というものですね？

楢崎龍
（1841～1906）
坂本龍馬の妻。騙された妹を取り返したり、寺田屋での龍馬不意打ちを防いだ等の武勇伝が伝わる。

倉岡　いえ、私は「機械音」を……。

大川隆法　機械音を？

武田　倉岡さんは今、岡部さんが以前、住んでいた部屋に住んでいまして、金縛《かなしば》りになったり、機械音がしたりするそうです。

大川隆法　機械音などはあるわけですね。

倉岡　体験は少ないですが。

大川隆法　はい。では（手を擦《す》り合わせながら）、〝お龍さん〟（倉岡）の守護霊よ、どうか出てきてください。

（約五秒間の沈黙《ちんもく》の後《のち》、手を一回叩《たた》く）

竹内　こんにちは。

倉岡守護霊　うーん、みんな、つまらんねえ……。

竹内　あっ、そうですか。

倉岡守護霊　うん。もっと面白《おもしろ》いことをしなくっちゃあ。ちっとも面白くないねえ。

「何か分からないけど、しょっちゅう来てる」

竹内　では、〝お龍さん〟（倉岡）の体験は、どんな体験なのでしょうか。

倉岡守護霊　私は、もう本当に、「夜中《よなか》に裸《はだか》で走り出してみたい」という感じの衝《しょう》動《どう》を持ってるんだけど。そのぐらいの恐怖《きょうふ》が来ないかしらねえ。なんか、裸で走っても、みんなが許してくれるような。「それは当然でしょう」と言ってくれるほどの、そういうのをやってみたいねえ（注。お龍には、寺田屋《てらだや》で坂本龍馬が幕府方《ばくふがた》に襲撃《しゅうげき》された際、風呂《ふろ》から裸で飛び出して龍馬に危機を知らせたというエピソードがある）。

竹内　うーん！　なるほど。

倉岡守護霊　なんか、人目を引いて、ちょっと奇《き》っ怪《かい》な行動を取ってみたい。そのぐらいの恐怖を、私にください。そしたら、やっちゃうから。窓から裸で飛び出して、外をワーッと走ったりして、面白いことしてみたいなあ。

竹内　この前、(倉岡が) 体験されたことは、どんなことなのですか。

倉岡守護霊　うーん。いや、「グレイが立ってた」っていうのは、そのとおりでしょ？　それだけのことですね。うん、うん、「見た」という……。

竹内　ドアの前に？

倉岡守護霊　うん、そのとおりですね。それから、何？　機械音？

竹内　はい。

倉岡守護霊　しょっちゅう来てるから、それは聞こえますね。

竹内　しょっちゅう来てる？

倉岡守護霊　うん。ブンブンしてるわけでしょ？（会場笑）

竹内　それは〝トンボ〟ですか。

倉岡守護霊　いや、何か分からないけど、しょっちゅう来てるんでしょ。いろいろなもんが。ブンブン来てる。

竹内　ブンブン来てると？（笑）

倉岡守護霊　うんうんうん。いろいろ来てる。

竹内　では、それは、倉岡さんのところには、けっこうコンスタントに来られているんですか。

倉岡守護霊　うん。よくあの家の周りをグルグル飛んでるし。

竹内　家の周りに？

倉岡守護霊　うん。大悟館《たいごかん》の周りだって、ウロウロ、いっぱい飛んでますから。あなたがたの肉眼《にくがん》に見えないようになって。「インビジブル・モード」っていうやつなんじゃないですか。

宇宙人から「ただの地球人じゃない」と思われている対象者

倉岡守護霊　でもねえ、私は宇宙人からも、一目置《いちもく》かれてるんですよ。

竹内　ああ、そうなんですか。

倉岡守護霊　「これは、ただの地球人じゃない」って、みんな思ってる。

竹内　どんな地球人だと思っているんですか。

倉岡守護霊　ええ？　「ただの人じゃない」と思われてる。「これは普通《ふつう》でない。異質な何かを持っているんじゃないか」っていう感じを持たれてるんですね。

以前、ニュージーランドにいたとき、少し連《つ》れていかれてるような感じの宇宙体験があったような気がするんですよね。なんか、引っ張っていかれたような気があって。うーん。もしかしたら、〝鑑識票《かんしきひょう》〟みたいなものを入れられてるかもしれませんね。

その意味で、私も、ある程度、宇宙からの注目度《ちゅうもくど》はあるんですよ。だから、「もうちょっと面白いことをやれ」と言われてる感じはありますね。

竹内　その〝鑑識票〟を植え込《こ》んだ方というのは、どういった方なのですか。

倉岡守護霊　そんなの分かるわけないじゃないですか。

竹内　そうですか（笑）。

倉岡守護霊　そんなの分かってたまるかいよ。そんなの分かりませんよ。分からないけれども。

とにかくだね、やっぱり、宇宙人も頭がいいからねえ。だから、偉《えら》くなりそうな人を探して埋《う》め込むんでしょうねえ。

竹内　うーん……。なるほどね。

倉岡守護霊　そうすると、重要な情報がもっと取れますからね。だいぶ前から狙《ねら》われてたような気はしますすねえ。

もうすぐ「宇宙の時代」が開けることを期待している宇宙人

竹内　その「しょっちゅう来ている方」というのは、幾《いく》種類かいると思うのですが、これについて、もう少したどっていくと、探査機《たんさき》を送っている側は、どういう方面から来ていると感じますか。

倉岡守護霊　うーん。地球の周りなんか、本当は、もう宇宙船だらけなんです。だから、数が多いと思いますよ。本当に多いんですけど。

だからね、彼らは期待してるんですよ。「もうすぐ〝運動会〟が始まるぞ」みたいな感じで。「もうすぐ〝扉《とびら》〟が開くんだって」って、みんな言ってますよ。

「もうすぐ『宇宙の時代』が開けて、宇宙人のいろんなコンテスト……。美人コンテストとか、コンサートか何か知らんけど、そういうもので人が呼べて、（宇宙人が）見えるような場所ができるんじゃないか。幸福の科学がそれなりにプロデュースしてくれるんじゃないか」っていうのを非常に期待してて……。

「もうすぐ、隠《かく》れてなくてもいい時代が来るんだって」っていうニュースが行きわたっているから、今、たくさん（宇宙人が）来て、ウロウロしてはいますね。

女子寮《りょう》で「怪奇《かいき》現象」が起きることが多い理由とは

竹内　なぜ、女子寮《りょう》で「怪奇《かいき》現象」が起きることが、特に多いのでしょうか。

倉岡守護霊　うーん、「なんでなのか」って言っても……。大悟館のなかは、さすがに少し難しいっていうか、嫌《いや》がられるので、「外側に出てる人あたりが行きやすい」っていうところはあると思うし。

ちょっとまだ、東京なんで、人目につくこともあって、いろいろ難しいですけどね。（宇宙人は）「本当はちゃんと境内地《けいだいち》があって、森に囲まれてるなかに来たい」と思ってるだろうと思うんですが。

竹内　なるほど。

倉岡守護霊　そうしたら、外の人に知られずに出てこられるけど、今、姿を現すにはあまりよろしくない。まあ、民家がだいぶありますしね。そういう、物質化がしにくい状況《じょうきょう》であるので、やっぱり夜中とか、時間を選ばないと、なかなかできないようになってる。

ただ、幸福の科学の職員なんかの場合は、（宇宙人が）姿を見られたり、現れたりしても、ある程度〝免疫《めんえき》〟があるので、何て言うか、「脅《おど》した」っていうことにならないんじゃないかなあと思いますね。

でも、私なんかは、教団から見れば、どう見ても〝光り輝《かがや》くエース〟ですからね。

竹内　なるほど（笑）。

倉岡守護霊　それはもう、注目度《ちゅうもくど》が高いのはしかたがないと思うんですよねえ。

宇宙船なのか、霊体《れいたい》なのか分からない「龍《りゅう》」が飛んでいる

竹内　では、その〝エースさん〟から見て、「今まで探索に来たもののなかで、これがいちばんすごかったな」というものはありますか。

倉岡守護霊　ううーん。さっき、「龍《りゅう》が視《み》えた」とか言ってましたでしょう?

竹内　はい。

倉岡守護霊　だから、龍の姿をして、接近してくるものもありますね。これは乗り物なのか、霊体《れいたい》なのかは少し分かりにくいですけれども、龍は、この大悟館の周りをよく飛んでますねえ。

竹内　そうなんですか。

倉岡守護霊　龍はよく飛んでますねえ。龍が飛んでる。これは「宇宙船」なのか、「霊体」なのか、両方なのかはちょっと分からないけど、龍は多いです。たくさん飛んでるので、これは、もしかしたら、「警備」かもしれない。警備のために、なんか龍がいっぱいいるような気がするので。

いろんな龍が飛んでますよ。赤、青、白、金色、黒、いろんな龍がいますね。これは、四方《しほう》を見張ってるんじゃないですかね。なんか龍がいっぱいいるような感じが……。

たぶん、私も関係があるとは思うんだけど、（大川《おおかわ》）紫央《しお》さん（幸福の科学総裁補佐《ほさ》）も関係があるんじゃないかなあ。龍と関係があるような気はする。

竹内　そうですか。

倉岡守護霊　龍は乗り物としては、天に駆《か》けていくというか、「昇龍《しょうりゅう》」といって、上に上がっていく上昇気流をつくるためのものでもあるんだけども、平常時は〝警備の役〟がわりに多くて、警戒《けいかい》しているんですよね。

だから、大悟館の周りなんかは、視る人が視れば、龍がいっぱい護《まも》っているのが分かると思います。いろんなところに龍がいっぱいいますね。

だけど、「（龍は）ときどき、退屈《たいくつ》すれば、私たちの僧房《そうぼう》のほうを見に来たりすることもある」ということですよねえ（笑）。

だから、あんた（竹内）のところあたりだって、ときどきは警備に回ってはいるんですよ。

竹内　ああ、そうですか。

倉岡守護霊　（宇宙人に）連れ去られないように、警備に行ったりはしているんで。私は、龍をよく見ますね。ほかの人は天狗《てんぐ》を見たり、いろいろなことをするのかもしらん。私は龍をよく見ます。

マインド・リーディングを逆利用した「悪質宇宙人の撃退法《げきたいほう》」

竹内　悪質な宇宙人が来た場合に、それを撃退《げきたい》するためのポイントやコツはあるのでしょうか。

倉岡守護霊　うーん……。まあ、彼らは、いわゆる「テレパシー能力」みたいなものは持っていることが普通ですので。言語で会話をしないで、人間とテレパシーで会話をしてますので。

だから、ある意味で、心で思っていることは通じる。マインド・リーディングができるので、やっぱり、これを逆利用すべきでしょうから。

要するに、悪質宇宙人に対して、心のなかで思ったことが通じるわけですから、相手がそれを聞くと、「もう、耳が裂《さ》けそう」とか、「痛い」っていうようなものを出せばいいわけですよね。嫌がるものを出せばいいわけです。まあ、車のクラクションじゃないけど、彼らが嫌がるものをやればいいわけで、彼らが嫌がる〝呪文《じゅもん》〟を唱《とな》えれば、それで十分撃退ができると思うんですけどね。

竹内　「嫌がる〝呪文〟」って……。

倉岡守護霊　だから、「竹内さんのところへ行け！」とか。

グレイ撃退法

グレイの肉体は脆弱にできており、解体ポイントが幾つかある。そのため、足の親指と人差し指の付け根の部分に念力を集中し、じっと睨みつけると恐怖を感じ、クルッと反転して逃げ出すという。首の後ろ側も弱点。また、グレイの瞳を10秒ほど見つめて、「おまえの心が読めるぞ」と念波を送ったり、武器で攻撃するイメージを発射すると、それを実体のものと錯覚して逃げ出すという。（『グレイの正体に迫る』〔幸福の科学出版〕参照）

竹内　（笑）それだけでいいんですか。

倉岡守護霊　うん。例えば、「竹内さんのところへ行け！」と、十回ぐらい言われると、「なんか、行かないかんかなあ」と思って行くじゃないですか。

竹内　はい（笑）。

倉岡守護霊　それで、（宇宙人を）避《さ》けられるじゃないですか。例えばね。

竹内　なるほど。

倉岡守護霊　「たまには、武田さんに声を聞かせてみろ！」とか言うとかね。「夢枕《ゆめまくら》に立て」とか言うとかね。

「エル・カンターレと私は一体です」と繰《く》り返し唱える

竹内　では、強い思いを出すことが大事ですね？

倉岡守護霊　そうそう。最終的には、「エル・カンターレと私は一体です」みたいな感じで唱えたらいいです。「エル・カンターレと私、主と私は一体です。主と私は一体です。主をお護りするのが、私の仕事です。主と私は一体です」と繰《く》り返し、繰り返し呪文みたいに言っていれば離《はな》れていきますね。

だから、そんなに難しくはないです。

竹内　なるほど。

倉岡守護霊　「テレパシー能力」があるのを〝逆利用〟できますので、向こうが、すごく繰り返し聞きたくないようなことを言えばいいわけです。

エル・カンターレのところは、いちおう神域《しんいき》だと思ってる。聖域《せいいき》だと思ってて、「直接、手を出してはいけないらしい」っていうことは分かっているので、できるだけ周りのほうを観察して、情報を取ろうとしてますから。

だから、「主と一体になる」っていうのを、繰り返し唱えたら、撃退できると思います。それで大丈夫《だいじょうぶ》だと思います。「私はエル・カンターレと共にあります。私は主と共にあります」っていうようなことを、繰り返し、繰り返し唱えたら、たぶん離れると思います。

「宇宙人を捕獲《ほかく》したい」と思っている豪傑《ごうけつ》な守護霊

倉岡守護霊　私なんかは、もうちょっと豪傑《ごうけつ》だから、そんなんでは物足りないんですけどね。「来るなら来い！」っていう気持ちもあることはあるんですが。

竹内　ああ、そうですか（苦笑）。

倉岡守護霊　「来るなら来て、襲《おそ》えるもんなら襲ってみろ。物質化したら、首根っこを押《お》さえて捕獲《ほかく》してやる！」と思う。

竹内　（笑）

倉岡守護霊　あるいは、「釘《くぎ》か何かで打ちつけて、逃《に》げられないようにしてやりたい」「ロープで縛ってやりたい」とか思うことが多いんですよ。

竹内　豪快ですね。

倉岡守護霊　「なんとか証拠品《しょうこひん》としてぶら下げてやれないか」「窓から〝てるてる坊《ぼう》主《ず》〟みたいにぶら下げてやろうか」と思うことはありますが。

竹内　（笑）

倉岡守護霊　「（宇宙人が）朝まで逃げられないでいたら」と思うんだけど、なかなか巧妙《こうみょう》なので。うまく証拠物件を残さないのでねえ。まあ、面白くない。

「地球の霊的《れいてき》な中心」を見に来ている宇宙人

倉岡守護霊　だから、宇宙人や、さっき言った天狗や龍や、グレイだとか、よく分からんけれども、「いろんなものが視えてる」っていうことは、「いろんなものがいる」と思っていいんじゃないでしょうか。

だから、ここ（大悟館）は、ある意味での異次元ゾーンだと思ったらいいんじゃないですか。

竹内　なるほど。

倉岡守護霊　もう、何でもありなんじゃないですか。

まあ、ある意味では、（大悟館は）地球の中心になっているんだと思う。今、地球の霊的《れいてき》な中心になっているんで。「メッカと言やぁメッカ」「エルサレムと言やぁエルサレム」というものが、今ここに来てるわけ。東京にあるわけです。

それは、みんな見に来ますよ。まあ、

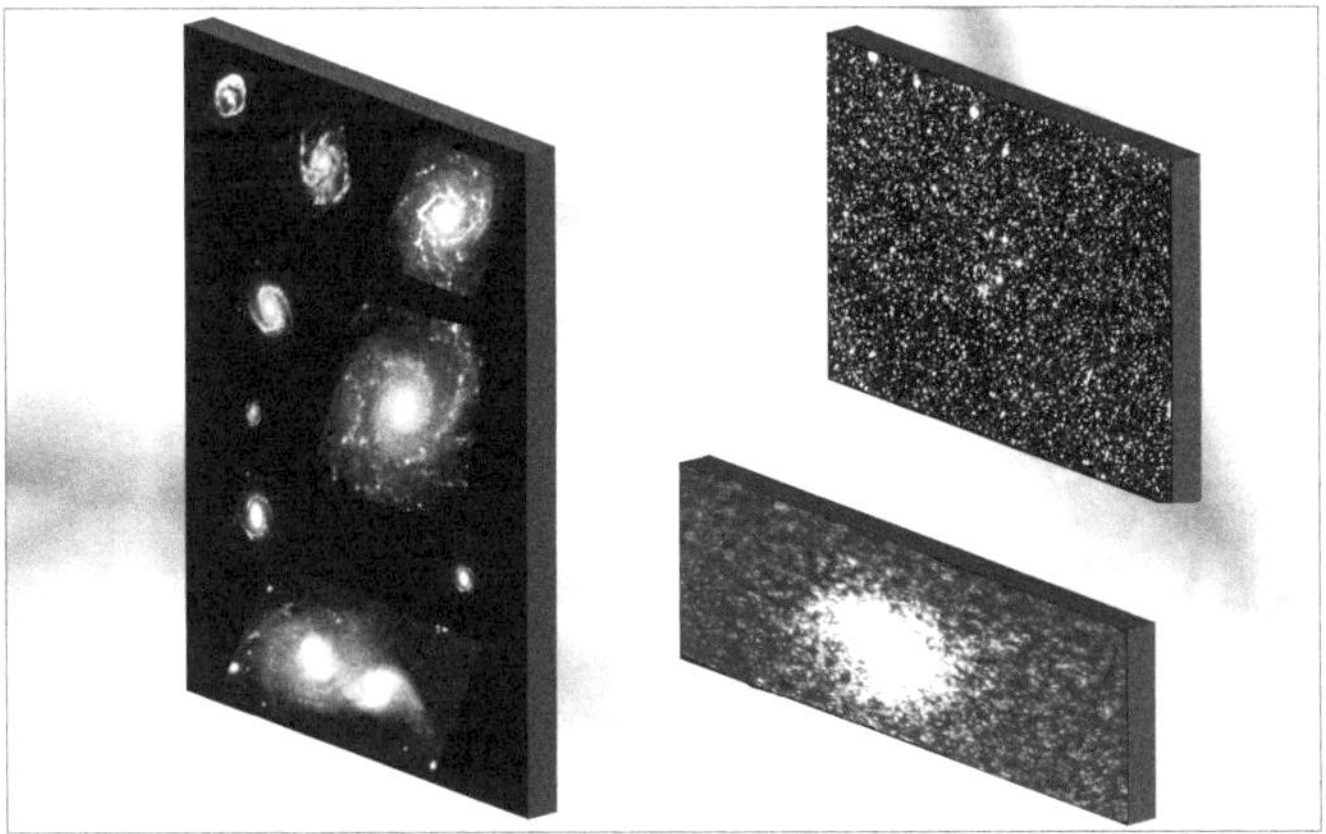

異次元の最新研究

世界の先端物理学においては、宇宙生成のメカニズムおよび物質の根源を統一的理論で説明する試みが研究されている。
特に、一般相対性理論と量子力学の矛盾を克服する理論として提唱された超弦理論では、物質の根源である粒子を点ではなく弦として捉え、宇宙を10次元時空として想定。さらに、最新のM理論では11次元としている。

信者だって本当は来たいぐらいだけど、「信者が来られないのなら、宇宙人が代わりに来てやる」っていう感じで見に来てる。そういうことなんじゃないでしょうかねえ。

まあ、今、いろんな情報を間接的に取ってるけど、「直接、エル・カンターレに〝ちょっかい〟を出したらいけない」っていうことは、分かってはいる感じ。だから、周りで、「どこまでぐらいはいいかなあ?」っていうのを探《さぐ》っているとかね。

宇宙人は「自分を襲《おそ》ってくる地球人」を怖《こわ》がる

倉岡守護霊　私なんか、「グレイでも何でも、襲《おそ》えるもんなら襲ってみろ」って、いつも思ってるんですよ。いつも、「来たら、組み伏《ふ》せてやろう」と思ってる（会場笑）。

「逃げられないように、抱《だ》きついて離さないようにして、こっちから、逆に襲ってやろう」と思ってるし、もし、「宇宙人との合いの子をつくるために、私を襲ってやろう」なんていう、〝献身《けんしん》的な男性宇宙人〟が現れたら、「逆に押さえ込んでやろうかな」と、いつも思ってるぐらいで。

竹内 （笑）なるほど。分かりました。

倉岡守護霊 「宇宙人の精子《せいし》を全部抜《ぬ》き取ってやろうかな」と、今、私なんかは思ってるぐらいなんです。

だから、ほかの人たちは、そんなに恐れることはないんじゃないですか。怖《こわ》かったらですね、私に助けを求めてもいいと思うんですよ。「エル・カンターレまで行ったら、ちょっと失礼に当たる。眠《ねむ》りを妨《さまた》げてはいけない」とか思うんだったら、「〝お龍さん〟と、私は一体です」でもいいよ。これはもう、〝同性婚《こん》〟が出来上がるのかもしれないけれども、夫婦《ふうふ》みたいな気持ちになって護ってやってもいいなと思ってますが。

竹内　（苦笑）分かりました。

倉岡守護霊　ええ。私でも十分撃退できますよ。

まあ、宇宙人は、だいたい自分を見たら、地球人が怯《おび》えることを想定してますから。「（自分を）見たら、寄って来て、襲ってくる地球人」っていうのを怖がりますから、いいんですよ。そういうアグレッシブなのが、極《きわ》めていいんですよ。

あるいは、舌なめずりして、「しばらく、羊は食べてないなあ」とかいう感じで、「宇宙人を料理して、ステーキにして食べたら、どんな味がするだろうか」と。こんなことを、頭のなかで想像したりすると、怖がって逃げて帰りますから。「いやあーっ、怖い、怖い、怖い」と思って逃げて帰りますから。

「天狗さんなんかが来たら、その鼻をどっかで縛って、逃げられないようにできないか」とか、そんなことを考えると、絶対にすぐ逃げるから。

グレイよりも人間のほうが肉体的には強い

倉岡守護霊　まあ、グレイは小さいし、実際上、そんなに大きな力を持っていないので。道具がちょっとあるだけです。「牽引《けんいん》ビーム」とか、そういうワームホールみたいな異次元空間を開ける能力みたいなものを持ってるので、それを武器として使うぐらいだけども。

あとは、もし、（グレイが）現実的な力として現れてきて、現実的に拉致《らち》しようとしたり、首を絞《し》めたりしてくるようなことがあっても、人間の力のほうが現実には強いし、肉体的には力が強いので、怯えないでげんこつで殴《なぐ》り合っても、十分に勝てる相手です。

だから、（グレイは）寝込《ねこ》みとかを襲ってくる。そういう意識がもうろうとしているときを、いつも狙ってくるんです。（グレイが）日中《にっちゅう》に出てきて、（地球人を）さらおうとして本当に戦いになったら、地球人のほうが肉体的には強いんですよ。

彼らが使えるのは、牽引ビームとか、物質に穴を開ける技術とか、そういう特殊《とくしゅ》なものを持ってるけども、肉体的には、そんなに強くはないと思います。

まあ、武田さんぐらいでしたら、十体ぐらいはやっつけられる力が十分にあると思いますから、「宗務《しゅうむ》本部長のところへ行け！」って言ったら、もうそれは、（殴《なぐ》るしぐさをしながら）「あ！　あ！」っとやってもらえればいけます。

武田　そのときは引き受けましょう。

倉岡守護霊　そんなに怖がる必要はないと思う。

宇宙人たちは「境内地《けいだいち》」などの〝異世界〟を求めている

武田　前回、牧野さんにリーディングをしてから一年たった今、こんな状況になっているのですが、将来はどんな感じになるのでしょうか。予想としては鎮静化《ちんせい》していきますか。それとも、何か……。

倉岡守護霊　いや、これはですね、幸福の科学がもう一段大きくなるように勧《すす》めているんだと思います。

だから、こういう、ほかのところと混在して一緒《いっしょ》に住んでいるようなものから、もうちょっと大きな……。

例えば、（宗教の）本部とか、教祖殿《きょうそでん》とかに、昔から境内地《けいだいち》がある理由は、幽霊《ゆうれい》が出てもいいし、宇宙人が来ても大丈夫っていうかな。「一般《いっぱん》世界から隔離《かくり》された〝異世界〟をつくらなきゃいけない」っていうのは、神社・仏閣《ぶっかく》等の「境内」があるところですね。宇宙船が墜《お》ちたって、降りたって、なかにいる人以外はまず分からないですよね。

私には、（宇宙人たちが）そういうものを求めているような感じがしますので、もうちょっと立派なものを欲《ほ》しがるように仕向けているようには見えますねえ。

神社・仏閣等には、俗世から聖域を隔離する境内地がある（上：奈良・橿原神宮）。

あとは、そうやって、「宇宙人が夜《よ》な夜な来て、ちょっかいを出してくる」って言ったら、ケチな総合本部の人でも、「それはいけないから、もうちょっと、ちゃんとした防衛施設《しせつ》をつくらなきゃいけないかな」と思ってくれるじゃないですか。思わなかったら、そいつのところにまた出りゃいいわけですから。そして、恐怖体験を味わわせたら、「やっぱり、もうちょっと、みんなで身を護《まも》るようにしなきゃいけない」とか思うじゃないですか。

牽引《けんいん》ビームで引っ張っていかれないためには「地下」に住むべき

倉岡守護霊　だからねえ、（竹内に）あなたみたいに狙われやすい人なんて、マンションなんかに住むべきじゃなくて、〝地下壕《ごう》〟に住むべきなんですよ。

武田　〝地下壕〟……（笑）。

倉岡守護霊　本来、地下に住まなきゃいけないんですよね。

武田　そうですか（笑）。

倉岡守護霊　ええ。牽引《けんいん》ビームで引っ張っていかれないぐらいに地下を掘《ほ》って……。本当は大悟館の地下を掘って、そのなかに住んでりゃいいんですよ。本当はそのぐらいのところが向いてるんですよね。

竹内　やはり、地下は牽引しにくいんですか。

倉岡守護霊　やっぱり、（牽引）しにくいですね。基本的にしにくいですね。

竹内　ああ、そうなんですか。

倉岡守護霊　やっぱり、しにくいところがあると思います。ですから、「穴を掘るのが得意な方も、最近、宗務に入った」っていう話ですから。

竹内　ああ……！　はい、はい。

倉岡守護霊　〝穴掘りナンバーワン〟の方が来たから。あの人は十六キロぐらい掘る方ですから（『硫黄島《いおうとう》 栗林忠道中将《くりばやしただみちちゅうじょう》の霊言《れいげん》　日本人への伝言』〔幸福の科学出版刊〕参照）。

竹内　あっ（笑）。そうですね（笑）。

倉岡守護霊　そこまで掘り巡《めぐ》らしたら、幸福の科学の各施設は、いろいろと縦横無《じゅうおうむ》尽《じん》に陣地《じんち》ができるかもしれませんねえ。

竹内　分かりました。ありがとうございます。

武田　ありがとうございます。

倉岡守護霊　いやあ、勇気を持って、希望を持って戦いましょう。

竹内・武田　はい。

武田　「心配ない」ということですね？

倉岡守護霊　ええ。「未来はもっと発展する」ということを意味しているわけですよ。

だから、「女子たちは、さらわれるかもしれない。襲われるかもしれない」っていう不安を出せば出すほど、教団は発展します。

竹内　逆の意味でそうですね。

武田　はい。分かりました。

倉岡守護霊　はい。ありがとうございます。

武田　ありがとうございました。

7 「怪奇《かいき》現象リーディング」を終えて

大川隆法 （手を三回叩《たた》く）まあ、何か変な感じですけれども、「怪奇《かいき》現象リーディング」（笑）、これでよかったのでしょうか。

武田 （笑）

大川隆法 まあ、怪奇現象ではありますね。

武田 ええ。怪奇現象でした。

大川隆法　確かに、よく分からないので「怪奇現象」ではありますね。

武田　はい。

大川隆法　でも、最後の人が強そうですから。

武田　そうですね。今、守護神《しゅごしん》として入っているのかもしれません。

大川隆法　ええ。もう、「お龍《りょう》さん」でよろしいのではないでしょうか。

武田　はい。

倉岡　（笑）

大川隆法　例えば、ここで何かあったら、ピーッと引っ張ると鈴《すず》が鳴るとか……（会場笑）。

武田　お龍さんにはサインが出るということですね。

大川隆法　まあ、ブザーが鳴るとか何かして、彼女が目覚めるようにつなげておけばいいのではないでしょうか。

武田　（笑）そうですね。

大川隆法　何かがあって「あっ、来た！」と思ったときに、それをピッと押《お》せば、もう彼女がパーン、バカーンと目覚めて（会場笑）、「始動《しどう》」「開始」「迎撃《げいげき》せよ」というような感じで。

武田　始動……、出動と（笑）。そうですね。

大川隆法　十分に力が余っているようなので。

何か、エイリアンを捕食《ほしょく》したいという感じのようです（会場笑）。「（エイリアンを）ステーキにして食べたい」というような強さなんですから、それでいいんじゃないですか。

武田　すごく強いですね。

大川隆法　ほかに、守護用に龍《りゅう》も呼んでいるらしいということも言っていたので、いいんじゃないでしょうか。

武田　ええ。より強固《きょうこ》に護《まも》られているということなんだと思います。

大川隆法　大将の器《うつわ》です。

武田　はい。

大川隆法　悲しいことに、宗務《しゅうむ》本部長（武田）は、何か〝鈍感《どんかん》〟だということで、少し……。

武田　鈍感ですみません（笑）。

大川隆法　鈍感だけど、いざとなれば、肉体的に戦うと十人ぐらいは倒《たお》せるということですので、まあ、強いですよね?

武田　ええ。送っていただければ、対処《たいしょ》しますので。

大川隆法　ですから、「最後はそちらへ行け」ということですね。

武田　はい。

大川隆法　まあ、怪奇現象は起きているらしいということです。「霊的《れいてき》なもの」も、「三次元変換《へんかん》されるもの」も来ているようです。そして、ルーツ的には、全地球的にまで、すでに見張っているネットワークはあるようで、さらに、その情報を取っているらしいということでした。

要するに、幸福の科学の中心部分あたりが、やはりこの次の時代の鍵《かぎ》を握《にぎ》っているようですので、いろいろと事情聴取《ちょうしゅ》を兼《か》ねて調べているらしいということが分かりました。

そして、今回のリーディングでは、そのようなものを避《さ》ける方法も、少しヒントが出ましたので、使える人は使ってよいと思います。

ただ、ある意味で、彼らは、映画（「UFO学園の秘密」）の応援《おうえん》をしているのかもしれませんね。

武田　はい。

大川隆法　大いに怖《こわ》がることが起きますように、みなさんで祈願《きがん》して、終わりにしましょうか。

武田　ありがとうございました。

大川隆法　はい（手を一回叩く）。

あとがき

最近、某《ぼう》テレビ局でドラマ「陰陽師《おんみょうじ》」をやっていた。悪霊渦巻《あくりょううずま》く平安時代に活躍した安倍晴明《あべのせいめい》を主人公としたドラマだが、本書に扱われている狭い範囲での私の仕事は、現代版・陰陽師と言ってもよいかもしれない。遠隔透視《えんかくとうし》や霊視《れいし》、タイムスリップ・リーディング、霊言《れいげん》、マインド・リーディングなどの能力を駆使《くし》して、怪奇現象の真実に迫っている。

「本だけ読んでも信じられない。」という方は、どうか、幸福の科学の会員になって、支部もしくは精舎《しょうじゃ》で現象を映像でご覧《らん》になるとよいだろう。あまりに数多い現象を観《み》ているうちに、合理的に納得《なっとく》される方がたくさん出てくるだろう。私はこれでも現代最高の知識人の一人であり、リアリストでもある。嘘や金もうけ目的でこんなことはしない。神秘能力はすべて神の恩寵《おんちょう》であり、登場人物も実在している。

二〇一五年　九月十五日

幸福《こうふく》の科学《かがく》グループ創始者兼総裁《そうししゃけんそうさい》　大川隆法《おおかわりゅうほう》

『怪奇現象リーディング』大川隆法著作関連書籍

『太陽の法』(幸福の科学出版刊)
『「宇宙人によるアブダクション」と「金縛り現象」は本当に同じか』(同右)
『ザ・コンタクト』(同右)
『「宇宙の法」入門』(同右)
『宇宙人との対話』(同右)
『宇宙人リーディング』(同右)
『グレイの正体に迫る』(同右)
『硫黄島 栗林忠道中将の霊言　日本人への伝言』(同右)

※左記は書店では取り扱っておりません。最寄りの精舎・支部・拠点までお問い合わせください。

『宇宙の中央管制室キーマスター――蟻型ダース・ベイダー編――』
（宗教法人幸福の科学刊）
『白銀に輝くクジラ型宇宙人』（同右）

怪奇現象《かいきげんしょう》リーディング

──神秘体験から読み解く宇宙時代へのシグナル──

2015年10月1日　初版第1刷

著　者　　大《おお》川《かわ》隆《りゅう》法《ほう》

発行所　　幸福の科学出版株式会社

〒107-0052 東京都港区赤坂2丁目10番14号
TEL(03)5573-7700
http://www.irhpress.co.jp/

印刷・製本　株式会社 堀内印刷所

落丁・乱丁本はおとりかえいたします

ISBN978-4-86395-719-0 C0014

写真：Rostislav Glinsky/Shutterstock.com ／ Artyominc ／ THPStock/Shutterstock.com
国土地理院／ 3plusX/Shutterstock.com ／ Wladyslaw/Shutterstock.com ／ Chad/TruthFall
Calin Tatu/Shutterstock.com ／時事通信フォト／朝日航洋／ S_Kuzmin/Shutterstock.com
boscorelli/Shutterstock.com

大川隆法ベストセラーズ・伝説は本当だった

「ノアの箱舟伝説」は本当か

大洪水の真相

人類の驕りは、再び神々の怒りを招くのか!? 大洪水伝説の真相を探るなかで明らかになった、天変地異や異常気象に隠された天意・神意とは。

1,400円

遠隔透視 ネッシーは実在するか

未確認生物の正体に迫る

謎の巨大生物は、はたして実在するのか!? 世界の人々の好奇心とロマンを刺激してきた「ネッシー伝説」の真相に挑む「遠隔透視」シリーズ第3弾!

1,500円

ドラキュラ伝説の謎に迫る

ドラキュラ・リーディング

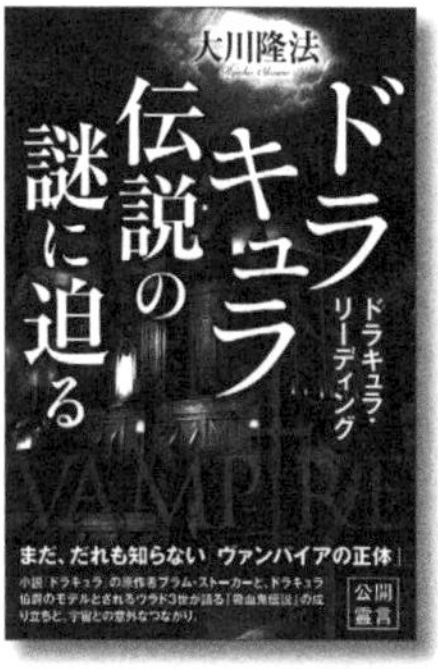

小説『ドラキュラ』の作者ブラム・ストーカーとドラキュラ伯爵のモデルとされるヴラド3世が、「吸血鬼伝説」の真相を語る。

1,400円

幸福の科学出版

大川隆法「法シリーズ」

太陽の法

エル・カンターレへの道

創世記や愛の段階、悟りの構造、文明の流転を明快に説き、主エル・カンターレの真実の使命を示した、仏法真理の基本書。

2,000円

神秘の法

次元の壁を超えて

この世とあの世を貫く秘密を解き明かし、あなたに限界突破の力を与える書。この真実を知ったとき、底知れぬパワーが湧いてくる!

1,800円

不滅の法

宇宙時代への目覚め

「霊界」「奇跡」「宇宙人」の存在。物質文明が封じ込めてきた不滅の真実が解き放たれようとしている。この地球の未来を切り拓くために。

2,000円

※表示価格は本体価格(税別)です。

大川隆法シリーズ・最新刊

エイジレス成功法

生涯現役 9 つの秘訣

年齢に縛られない生き方がある——。この「考え方」で、心・体・頭がみるみる若返り、介護や痴呆とは無縁の「生涯現役人生」が拓けてくる!

1,500円

あげママの条件

子供を上手に育てる 8 つの「考え方」

すべてのママたちに贈る〝ハッピー子育てアドバイス〟。正しい躾、成功する教育法、上手な叱り方など、ママが心掛けたい8つのポイント大公開!

1,400円

父が息子に語る「宗教現象学入門」

「目に見えない世界」を読み解くカギ

大川隆法　大川真輝　共著

霊言、悪霊憑依、病気治しの奇跡——。目に見えないスピリチュアルな世界の法則を、大川総裁と現役大学生の次男がわかりやすく解き明かす。

1,400円

大川隆法「法シリーズ」

智慧の法

法シリーズ
第21作

心のダイヤモンドを輝かせよ

現代における悟りを多角的に説き明かし、
人類普遍の真理を導きだす――。
「人生において獲得すべき智慧」が、
今、ここに語られる。
著者渾身の「法シリーズ」最新刊

2,000円

第1章　繁栄への大戦略
――一人ひとりの「努力」と「忍耐」が繁栄の未来を開く
第2章　知的生産の秘訣　――付加価値を生む「勉強や仕事の仕方」とは
第3章　壁を破る力　――「ネガティブ思考」を打ち破る「思いの力」
第4章　異次元発想法　――「この世を超えた発想」を得るには
第5章　智謀のリーダーシップ　――人を動かすリーダーの条件とは
第6章　智慧の挑戦　――憎しみを超え、世界を救う「智慧」とは

幸福の科学出版　※表示価格は本体価格(税別)です。

この地球《ほし》は、宇宙に必要か？
あなたを待ち受ける、
衝撃の〝宇宙体験〟
ベガ、プレアデス、
ダークサイド・ムーン――
ついに、地球人《あなた》は「宇宙人の秘密」を目撃する！
大川隆法 製作総指揮
長編アニメーション映画
UFO学園の秘密
The Laws of The Universe Part 0
製作総指揮・原案／大川隆法
監督／今掛勇　脚本／「UFO 学園の秘密」シナリオプロジェクト　音楽／水澤有一
総合プロデューサー／本地川瑞祥 松本弘司
総作画監督・キャラクターデザイン／今掛 勇　キャラクターデザイン／佐藤 陵　須田正己　美術監督／渋谷幸弘
VFX クリエイティブディレクター／粟屋友美子
キャスト／逢坂良太　瀬戸麻沙美　柿原徹也　金元寿子　羽多野渉
銀河万丈　仲野裕　千菅春香　藤原貴弘　白熊寛嗣　二又一成　伊藤美紀　浪川大輔
アニメーション制作／ HS PICTURES STUDIO　幸福の科学出版作品
©2015 IRH Press　配給／日活　配給協力／東京テアトル
UFO学園　検索
10月10日、全国一斉ロードショー！

幸福の科学グループのご案内

宗教、教育、政治、出版などの活動を通じて、地球的ユートピアの実現を目指しています。

宗教法人　幸福の科学

一九八六年に立宗。一九九一年に宗教法人格を取得。信仰の対象は、地球系霊団の最高大霊、主エル・カンターレ。世界百カ国以上の国々に信者を持ち、全人類救済という尊い使命のもと、信者は、「愛」と「悟り」と「ユートピア建設」の教えの実践、伝道に励んでいます。

（二〇一五年九月現在）

愛

幸福の科学の「愛」とは、与える愛です。これは、仏教の慈悲《じひ》や布施《ふせ》の精神と同じことです。信者は、仏法真理をお伝えすることを通して、多くの方に幸福な人生を送っていただくための活動に励んでいます。

悟り

「悟り」とは、自らが仏の子であることを知るということです。教学《きょうがく》や精神統一によって心を磨き、智慧《ちえ》を得て悩みを解決すると共に、天使・菩薩《ぼさつ》の境地を目指し、より多くの人を救える力を身につけていきます。

ユートピア建設

私たち人間は、地上に理想世界を建設するという尊い使命を持って生まれてきています。社会の悪を押しとどめ、善を推し進めるために、信者はさまざまな活動に積極的に参加しています。

国内外の世界で貧困や災害、心の病で苦しんでいる人々に対しては、現地メンバーや支援団体と連携して、物心両面にわたり、あらゆる手段で手を差し伸べています。

年間約３万人の自殺者を減らすため、全国各地で街頭キャンペーンを展開しています。

公式サイト **www.withyou-hs.net**

ヘレン・ケラーを理想として活動する、ハンディキャップを持つ方とボランティアの会です。視聴覚障害者、肢体不自由な方々に仏法真理を学んでいただくための、さまざまなサポートをしています。

公式サイト **www.helen-hs.net**

INFORMATION

お近くの精舎・支部・拠点など、お問い合わせは、こちらまで！

幸福の科学サービスセンター

TEL. 03-5793-1727 (受付時間 火〜金：10〜20時／土・日・祝日：10〜18時)

宗教法人 幸福の科学 公式サイト happy-science.jp

HSU

ハッピー・サイエンス・ユニバーシティ

Happy Science University

私たちは、理想的な教育を試みることによって、
本当に、「この国の未来を背負って立つ人材」を
送り出したいのです。

（大川隆法著『教育の使命』より）

ハッピー・サイエンス・ユニバーシティとは

ハッピー・サイエンス・ユニバーシティ（HSU）は、大川隆法総裁が設立された
「現代の松下村塾」であり、「日本発の本格私学」です。
建学の精神として「幸福の探究と新文明の創造」を掲げ、
チャレンジ精神にあふれ、新時代を切り拓く人材の輩出を目指します。

住所 〒299-4325 千葉県長生郡長生村一松丙 4427-1
TEL.0475-32-7770

学部のご案内

人間幸福学部

人間学を学び、新時代を切り拓くリーダーとなる

人間の本質と真実の幸福について深く探究し、
高い語学力や国際教養を身につけ、人類の幸福に貢献する
新時代のリーダーを目指します。

経営成功学部

企業や国家の繁栄を実現する、起業家精神あふれる人材となる

企業と社会を繁栄に導くビジネスリーダー・真理経営者や、
国家と世界の発展に貢献する
起業家精神あふれる人材を輩出します。

未来産業学部

新文明の源流を創造するチャレンジャーとなる

未来産業の基礎となる理系科目を幅広く修得し、
新たな産業を起こす創造力と起業家精神を磨き、
未来文明の源流を開拓します。

未来創造学部

2016年4月
開設予定

時代を変え、未来を創る主役となる

政治家やジャーナリスト、ライター、俳優・タレントなどのスター、
映画監督・脚本家などのクリエーターを目指し、国家や世界の発展、
幸福化に貢献できるマクロ的影響力を持った徳ある人材を育てます。

キャンパスは東京がメインとなり、2年制の短期特進課程も新設します（4年制の1年次は千葉です）。2017年3月までは、赤坂「ユートピア活動推進館」、2017年4月より東京都江東区（東西線東陽町駅近く）の新校舎「HSU未来創造・東京キャンパス」がキャンパスとなります。

教育

学校法人 幸福の科学学園

学校法人 幸福の科学学園は、幸福の科学の教育理念のもとにつくられた教育機関です。人間にとって最も大切な宗教教育の導入を通じて精神性を高めながら、ユートピア建設に貢献する人材輩出を目指しています。

幸福の科学学園

中学校・高等学校（那須本校）
2010年4月開校・栃木県那須郡（男女共学・全寮制）
TEL 0287-75-7777
公式サイト happy-science.ac.jp

関西中学校・高等学校（関西校）
2013年4月開校・滋賀県大津市（男女共学・寮及び通学）
TEL 077-573-7774
公式サイト kansai.happy-science.ac.jp

ハッピー・サイエンス・ユニバーシティ（HSU）
TEL 0475-32-7770

仏法真理塾「サクセスNo.1」 TEL 03-5750-0747（東京本校）
小・中・高校生が、信仰教育を基礎にしながら、「勉強も『心の修行』」と考えて学んでいます。

不登校児支援スクール「ネバー・マインド」 TEL 03-5750-1741
心の面からのアプローチを重視して、不登校の子供たちを支援しています。
また、障害児支援の**「ユー・アー・エンゼル!」運動**も行っています。

エンゼルプランV TEL 03-5750-0757
幼少時からの心の教育を大切にして、信仰をベースにした幼児教育を行っています。

シニア・プラン21 TEL 03-6384-0778
希望に満ちた生涯現役人生のために、年齢を問わず、多くの方が学んでいます。

NPO 活動支援

学校からのいじめ追放を目指し、さまざまな社会提言をしています。また、各地でのシンポジウムや学校への啓発ポスター掲示等に取り組む一般財団法人「いじめから子供を守ろうネットワーク」を支援しています。

公式サイト mamoro.org
相談窓口 TEL.03-5719-2170
ブログ blog.mamoro.org

政治

幸福実現党

内《ない》憂《ゆう》外《がい》患《かん》の国難に立ち向かうべく、二〇〇九年五月に幸福実現党を立党しました。創立者である大川隆法党総裁の精神的指導のもと、宗教だけでは解決できない問題に取り組み、幸福を具体化するための力になっています。

党員の機関紙「幸福実現NEWS」

TEL 03-6441-0754
公式サイト hr-party.jp

出版メディア事業

幸福の科学出版

大川隆法総裁の仏法真理の書を中心に、ビジネス、自己啓発、小説など、さまざまなジャンルの書籍・雑誌を出版しています。他にも、映画事業、文学・学術発展のための振興事業、テレビ・ラジオ番組の提供など、幸福の科学文化を広げる事業を行っています。

アー・ユー・ハッピー?
are-you-happy.com

ザ・リバティ
the-liberty.com

幸福の科学出版
TEL 03-5573-7700
公式サイト irhpress.co.jp

THE FACT

ザ・ファクト
マスコミが報道しない「事実」を世界に伝えるネット・オピニオン番組

Youtubeにて随時好評配信中!

ザ・ファクト 検索

入 会 の ご 案 内

あなたも、幸福の科学に集い、
ほんとうの幸福を
見つけてみませんか？

幸福の科学では、大川隆法総裁が説く仏法真理をもとに、「どうすれば幸福になれるのか、また、他の人を幸福にできるのか」を学び、実践しています。

入会

大川隆法総裁の教えを信じ、学ぼうとする方なら、どなたでも入会できます。入会された方には、『入会版「正心法語」』が授与されます。（入会の奉納は1,000円目安です）

ネットでも**入会**できます。詳しくは、下記URLへ。
happy-science.jp/joinus

三帰《さんき》誓願《せいがん》

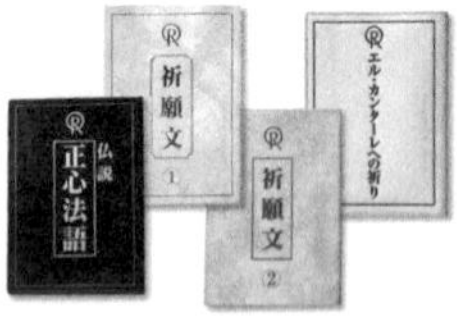

仏弟子としてさらに信仰を深めたい方は、仏・法・僧の三宝への帰依を誓う「三帰誓願式」を受けることができます。三帰誓願者には、『仏説・正心法語』『祈願文①』『祈願文②』『エル・カンターレへの祈り』が授与されます。

植福《しょくふく》の会

植福は、ユートピア建設のために、自分の富を差し出す尊い布施の行為です。布施の機会として、毎月1口1,000円からお申込みいただける、「植福の会」がございます。

「植福の会」に参加された方のうちご希望の方には、幸福の科学の小冊子（毎月1回）をお送りいたします。詳しくは、下記の電話番号までお問い合わせください。

月刊「幸福の科学」

ザ・伝道

ヤング・ブッダ

ヘルメス・エンゼルズ

INFORMATION

幸福の科学サービスセンター
TEL. 03-5793-1727（受付時間 火〜金：10〜20時／土・日・祝日：10〜18時）
宗教法人 幸福の科学 公式サイト **happy-science.jp**